신나는
토론
배틀

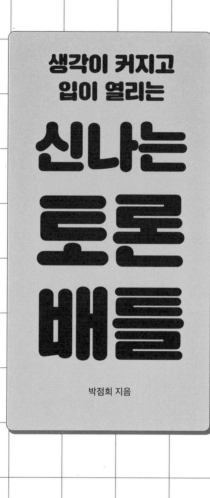

생각이 커지고
입이 열리는

신나는
토론
배틀

박점희 지음

애플북스

들어가며

토론, 우리 아이의 행복하고 건강한 삶을 위한 하나의 관문

왜 토론인가?

이스라엘에는 유대인 전통 도서관인 예시바(Yeshiva)가 있다. 예시바는 유대인의 하브루타 교육 방식을 그대로 옮겨 놓은 곳으로 나이, 성별, 계급과 상관없이 두 사람이 짝을 지어 논쟁으로 진리를 찾아갈 수 있도록 만든 곳이다.

"네 생각은 어떠니?"

"왜 그렇게 생각하니?"

"과연 옳은 생각이니?"

"다르게 볼 수는 없니?"

"다른 대안은 무엇이니?"

이와 같은 질문을 서로에게 던지며 논쟁을 통해 답을 찾아나간다. 이 과정은 편협한 생각에서 벗어나 보편적인 관점에서 현명하고 행복한 삶을 살아갈 수 있게 한다.

오늘날 우리의 교육은 이처럼 지식이 아닌 삶과 성장에 초점을 맞추고 미래 사회가 요구하는 역량을 갖추는 과정으로 변화하고 있다. 이러한 교육은 교사가 일방적으로 가르치던 전통적 수업 방식에서 벗어나 학습자 중심의 수업으로 전환되었는데, 이는 학습자 개개인의 개성과 능력을 존중하고 창의성을 발휘할 수 있도록 하기 위함이다. 학습자 중심 수업을 위해 학습자가 갖춰야 할 것은 비판적 사고와 자기의 생각을 꺼내어 표현하는 능력이다.

학습자 중심 수업은 자기의 생각을 표현하는 게 가장 중요하다. 그래서 논리에 맞게 생각하고, 표현하고, 주장하는 토론 수업이 동반되는 경우가 많다. 토론 수업은 학습의 결과보다 협동적으로 문제를 해결하는 과정을 중시하며, 개인의 성장뿐만 아니라 공동체적 학습 태도의 향상을 추구한다. 이러한 수업 방식은 학습자 간의 친화력을 높이고, 학습 분위기를 활성화하고, 학습 목표를 달성하는 데 효과적이다. 최근 공교육에서 IB(International Baccalaureate) 교육을 접목하자는 바람이 일고 있는 것도 그러한 이유에서다.

많은 사람은 '토론'이라는 단어를 들으면 '대회'나 '싸움'을 떠올린다. 대회에서의 토론이 논리적 사고를 바탕으로 특정 주제에 대해 찬성 혹은 반대 의견을 격렬히 털어놓고 말하는 형태를 취하고 있기 때문이다. 하지만 토론은 일상에서 소통에 문제가 없도록 도와주고, 선택해야 하는 상황에서 현명하게 판단하는 힘을 길러준다는 점에서 대회나 싸움보다 더 큰 의미가 있다.

그래서 토론은 문제를 발견하는 능력, 분석하는 능력, 이치를 따지는 능력을 포괄하는, 우리가 갖추어야 할 경쟁력이다. 하지만 이것은 하루아침에 이루어지지 않으며, 끊임없이 사회적 이슈에 관심을 가져야만 가능한 능력이다.

이 책은 토론의 의미를 '타인을 설득하기 위해 내 생각을 제대로 말할 수 있는 능력을 키우는 과정'이라 규정하고 작성되었다. 사람들 앞에 서기만 하면 무슨 말을 해야 할지 몰라서 떨리고, 의견을 말하고 있지만 다른 사람에게 제대로 전달되지 않아서 어려움을 겪는 아이들을 위해, 그리고 자기의 생각을 조금 더 효율적으로 전달하고픈 아이들을 위해 마련된 말하기 지침서다. 《오즈의 마법사》의 허수아비, 《백설공주》의 박사 난쟁이, 《피노키오》의 지미니 크로킷 등의 다양한 동화 캐릭터와 함께, 책과 신문을 통해 문제를 발견하고 논리적으로 생각하면서 말로 표현하는 과정을 보여준다.

토론은 상대가 있어야 제대로 할 수 있는 활동이라는 점에서, 아이들에게 가장 뛰어난 스승인 부모가 이 책을 매뉴얼 삼아 아이와 함께 동화책을 읽듯 대화하듯 재미있게 지도할 수 있도록 구성하였다. 현대는 정보가 넘쳐나는 것을 넘어 빠른 속도로 확산되는 사회다. 이 책을 통해 무엇이 옳고 그른지 생각하면서, 자기의 생각을 제대로 표현하고 현명한 삶을 바탕으로 더 행복해지길 바란다.

박점희

차례

1부
토론으로 가는 길

토론의 의미

민구

선생님. 이번엔 뭘 가르쳐 주실 거예요?

선생님

민구가 말하는 것에 자신 없다고 해서, 이번에는 토론에 대해 준비했어.

유경

선생님. 저도 왔어요.

선생님

유경이도 오랜만이구나. 유경이는 토론을 잘하니, 민구가 자기의 생각을 잘 표현할 수 있도록 함께 도와주렴.

💡 토론은 상대를 설득하는 말하기다

토론이란 뜻은 무엇일까? 저자는 학생들에게 특정한 주제어와 관련된 것을 지도할 때 가장 먼저 그 단어를 음절로 쪼개어 생각해 보게 한다. 가령 "지하철은 '땅 지(地)'에 '아래 하(下)', 즉 '땅 아래를 달리는 전철'이라는 뜻이야."처럼 말이다. 우리말에 한자 조합어가 많기 때문이기도 하지만, 언어는 대부분 기본어를 바탕으로 파생되기 때문이다. 그래서 단어를 쪼개서 학습하면 그 의미를 이해하기 쉽고 문해력을 키우는 데도 도움이 된다.

'토론(討論)'이라는 단어의 음절을 하나씩 쪼개어 살펴보면 '토(討)'는 말을 나누거나 쪼개어 탐구한다는 뜻을, '론(論)'은 사람들이 돌아가며 말을 한다는 뜻을 내포하고 있다. 즉 특정한 주제에 관해 찬성 또는 반대의 근거를 촘촘하게 탐구하고, 그것을 바탕으로 정리한 자기의 생각을 돌아가며 말하는 걸 의미한다. 다시 말해 토론은 특정한 문제를 해결하기 위해 자기의 생각을 논리적으로 정리하고, 다른 사람과 돌아가며 말하기를 통해 상대를 설득하는 과정이다.

그런데 어떤 사람들은 '토론은 찬성 측과 반대 측으로 나뉘어 말로 싸우는 것'이라고 생각한다. 이는 그동안의 토론 교육이 근거를 찾는 방법에 대해 지도하기보다 큰 목소리로 외치는 방법을 지도하는 방식으로 이루어졌기 때문으로 볼 수 있다.

오래전에는 웅변 학원이 그러한 역할을 담당했다. 웅변과 관련하여 지금도 뇌리에 남아 있는 잔상은, 내성적이었던 초등학교 1학년 남동생이 당시 웅변대회에서 두 팔을 펼쳐 들고는 "이 어린 연사, 두 팔 높여 외칩니다!"라고 크게 외친 것이다. 이처럼 웅변 학원은 자기의 생각을 여러 사람 앞에서 당당하게 말하도록 가르쳤다. 그러나 조금만 자세히 들여다보면 당시에 웅변 학원에서 지도하던 말하기 방식은 자기의 생각을 작성하여 논리적인 형태로 외치는 것이 아니라, 그저 정형화된 문장을 암기하여 큰 소리로 외치는 방법이었다. 그러니 자기의 생각을 말하거나 타인을 설득하는 말하기를 배우기에는 어려움이 있었다.

토론은 이제 시대의 변화만큼 다양한 형태로 변화하고 있다. '싸움의 의미를 담은 논쟁'이라는 좁은 의미로만 사용되는 것이 아니라, 토의에 가까운 넓은 의미로 확장되어 사용되기도 한다(토의와 토론이 어떻게 다른지는 16쪽 참조). 그리고 토론 교육이 체계화되면서, 목소리가 큰 것이 토론이 아니라 근거를 들어 말하기에 무게를 싣는 것이 토론이라는 사실을 인식하게 되었다.

토론의 유래를 통해 토론의 의미를 조금 더 살펴보자. 토론은 영어로 'debate'에 가깝다. 이는 라틴어 'debattuere'에서 왔는데, 'de'와 'battuere'가 합쳐진 말이다. 여기에서 'battuere'는 전쟁을 의미하는 'battle'로 변화했다. 이런 의미로 보면 'debate'는 토의보다는 논쟁이라고 보는 게 더 적절하다. 이러한 점에서 토론(討論)과 토론(debate)은 다른 뜻이며, 다르게 가르쳐야 한다고 생각하면 곤란하다. 그래서 이 책에서는 우리 아이들에게 가르칠 토론의 개념을 다음과 같이 정의한다.

> 토론은
> ❶ 문제가 되는 논제를 둘러싸고
> ❷ 각자의 주장을 말하되
> ❸ 근거를 들어 옳음을 밝히고
> ❹ 상대의 의견을 반박하면서
> ❺ 설득하는 과정이다.

그렇다면 토론에서 가장 중요한 것은 무엇일까? 주장을 뒷받침하는 근거의 제시나 큰 목소리는 토론의 목표에 도달하기 위한 수단일 뿐이다. 토론의 최종 목표는 내 주장을 지켜내면서 상대를 설득하는 것이다. 그러므로 우리 아이들에게 가르쳐야 할 토론은 목소리 높여 외치기만 하거나, 근거로 딴지를 거는 것이 아니라 '부드럽게 상대를 설득하는 것'이다.

💡 토론과 토의의 차이

토론과 헷갈려 하는 개념으로 토의가 있다. 토론은 토의와 어떻게 다를까?

토의를 뜻하는 영어 단어 'discuss'는 그리스어 'dischos'에서 유래한 것으로 '주의 깊게 검사하다' '검토하다' '세금을 매기고 다시 나누기 위해 검증하다'의 뜻이 담겨 있다. 즉 어떤 것에 대해 새로운 진리를 만들어 내거나 옳다 그르다를 말하는 것이 아니라, 이미 존재하는 사실을 확인하고 입증하는 것을 말한다. 문제를 해결하기 위해 정보나 아이디어를 교환하는 과정을 말하며, 다음과 같은 순서로 진행된다.

❶ 문제의 발견	문제의 필요성, 중요성 등을 고려하여 토의할 문제를 확정한다.
❷ 문제의 이해	문제의 원인과 실태, 앞으로의 전망 등에 관해 정보와 지식, 의견 등을 서로 교환한다.

❸ 해결 방안 모색	문제를 해결할 방안을 여러 측면에서 찾아본다.	
❹ 해결 방안 결정	여러 해결안을 검토 및 평가하고, 가장 바람직한 해결안을 결정한다.	

정리하면, 토의는 문제의 해결을 위해 서로의 생각을 조율하는 과정이고, 토론은 견해가 다른 두 사람이 끝까지 자신의 주장을 펼치는 것이라는 점에서 차이가 있다.

토의	내용	토론
여러 사람이 협의해서 최선의 의견을 찾아가는 집단 사고의 과정	과정	찬반으로 나뉘어 자신의 주장에 대한 근거를 들어 타당함을 밝히는 과정
자유롭게 의논하고 발언하며, 발표할 때 제약 조건이 거의 없음	절차	규칙과 절차 및 방법이 정해져 있어서 그 규정에 따라 의논을 전개해 나감
이기고 지는 문제가 아니므로 남의 의견을 무시하거나 깎아내려서는 안 됨	규칙	찬반의 의견에 대해 자신의 결론대로 상대의 의견에 대해 비판 및 반박함
문제의 해결을 위한 의견의 일치를 얻으려고 서로 협동하여 이야기함		의견의 일치를 구한다는 점에서 토의와 같지만, 대립된 문제에 대해 찬반으로 나뉘어 각자 의견을 전면에 드러낸다는 점이 다름
심포지엄, 패널 토의, 포럼, 집단 토의, 위원회 토의, 원탁 토의 등	종류	아카데미 토론, 세다(CEDA) 토론, 칼 포퍼 토론, 링컨–더글러스 토론, 의회식 토론 등

토론과 토의의 차이점을 설명할 때 다음과 같은 내용으로 아이와 대화해 보자.

쥐가 고양이에게 자주 잡히자 견디다 못한 쥐들은 모두 한자리에 모여서 머리를 맞대고 대책을 논의하였다. 쥐들은 서로 지혜를 짜내어 고양이가 오는 것을 미리 알아내는 방법을 궁리하였으나, 신통한 의견은 나오지 않았다.

그때 조그만 새앙쥐 한 마리가 좋은 생각이 있다면서 나섰다. 그 묘안은 고양이 목에 방울을 달아 놓으면 고양이가 움직일 때마다 방울 소리가 날 것이므로, 자기들이 미리 피할 수 있다는 것이었다. 쥐들은 모두 좋은 생각이라고 감탄하고 기뻐하였다.

그 순간 구석에 앉아 있던 늙은 쥐가 "누가 고양이에게 가서 그 목에 방울을 달 것인가?"라고 물었다.

〈신나는미디어신문〉

엄마 이건 '고양이 목에 방울 달기'라는 속담으로 잘 알려진 《순오지》의 〈묘항현령(猫項懸鈴)〉 이야기야. 이 문제를 해결하려면 토론과 토의 중 어떤 과정이 필요할까?

민구 이건 토의를 해야 할 것 같아.

엄마 그렇게 생각한 이유는 뭘까?

민구 이건 찬성과 반대의 문제가 아니라, 어떤 쥐가 고양이 목에 방울을 달 것인가 하는 문제잖아. 그러니까 누구를 뽑는 것이 가장 합리적인 선택인지 토의해야 해.

엄마 그렇구나! 키가 작은 쥐를 선택할지, 달리기가 빠른 쥐를 선택할지, 아니면 겁이 없는 쥐를 선택할지 토의해야겠군!

지금껏 한라산의 상징으로 대접받던 노루가, 제주도 산간지역 농작물 피해의 주범으로 보고되었다. 이에 따라 노루를 유해 동물로 지정하여 잡을 수 있게 하자는 의견이 제시되었다.

농업 생산자 단체는 '그동안 천적이 없는 노루의 개체수가 급증하면서 농작물 피해로 생존을 위협받았다'며, 유해 동물 지정을 환영했다.

이에 맞서는 제주 녹색당은 '신뢰할 수 없는 개체수 조사 결과로 무리하게 유해 동물 지정과 수렵 허가를 하려는 것은 위험한 발상'이라고 비판했다.

〈신나는미디어신문〉

엄마 이 뉴스는 '제주' 하면 가장 먼저 생각나는 동물인 한라산에 사는 노루를 유해 동물로 지정하겠다는 이야기야.

민구 노루가 왜?

엄마 노루의 개체수가 자꾸 늘어나서 사람들에게 피해를 주고 있어서지.

민구 그런데 개체수가 뭐야?

엄마 한 가지 생물체의 숫자를 말해. 다시 말해서, 특정한 지역 안에 같은 생명체가 얼마나 살고 있는가를 나타내는 것을 말해.

민구 그럼 한라산에 노루가 많아서 문제가 되니까 나쁜 동물로 지정해서 잡자는 이야기구나!

엄마 그렇지! 그럼 이건 토의를 해야 할까? 토론을 해야 할까?

민구 제주 녹색당이랑 농업 생산자 단체의 의견이 서로 다르고, 서로의 의견을 비판하고 자기주장을 펼치고 있으니까, 이건 토론해야 하는 것 같아.

엄마 맞아! 나와 생각이 다른 사람을 설득하려면 한 번의 토론으론 부족할 거야. 그러니 여러 번 토론하고, 많은 사람의 의견도 들어야겠지.

민구 하나의 문제를 해결한다는 것은 쉬운 일이 아니구나!

💡 토론 지도 전략 – 생각하는 힘이여 솟아라!

　토의와 토론의 차이를 이해했다면 그다음엔 토론의 바탕이 되는 생각하는 힘을 길러주자. 앞에서 언급한 토론의 개념인 '문제가 되는 논제를 둘러싸고 각자의 주장을 말하기'가 가능하려면 무엇이 왜 문제인지를 파악할 수 있어야 하고, 그것에 대한 자기주장을 생각할 수 있어야 한다.

하지만 생각하기 싫어하는 요즘 아이들은 논제에 대한 고민은 물론 주장에 대한 근거도 모두 포털 사이트의 '지식인'이나 '갓튜브'에 맡긴다. 그것도 많은 정보를 살펴보고 그 가운데 하나를 선택하는 것이 아니라, 검색창에서 맨 위에 등장하는 내용을 가져오는 경우가 대부분이기에 토론이 제대로 진행되지 않는 일이 허다하다.

생각하는 힘을 길러 주는 방법은 다양하지만 활자 미디어(책, 신문 등 텍스트 중심의 미디어) 읽기와 수다 같은 대화가 가장 효과적이다. 이때 생각이 여러 갈래로 나뉠 수 있는 내용의 텍스트나 일상의 모습을 자료 삼아 의견을 묻고 그렇게 생각한 이유를 말하는 방식으로 지도할 수 있다.

다음의 뉴스를 바탕으로 아이와 이야기 나눠 보자.

디즈니 실사 영화 〈백설공주〉의 주인공으로 라틴계 출신 배우 레이철 제글러가 합류한다.

그런데 백옥처럼 흰 피부를 가졌다는 의미로 붙은 '백설공주'라는 이름에 맞지 않는 캐스팅이라고 불만을 제기하는 사람들의 항의가 빗발치고 있다.

특히 디즈니의 팬들은 "디즈니가 《백설공주》의 실사 영화 제작을 신중히 판단했어야 한다" "제발 원작과 싱크로율이 높은 배우들 좀 캐스팅해라" "내 최애 애니를 망치지 말아 달라"며 분노를 표출하기도 했다.

〈신나는미디어신문〉

엄마 이 뉴스에 대한 네 생각은 어때?

민구 그런데 라틴계 출신 배우가 왜?

엄마 라틴계란 라틴아메리카 출신을 말하는 거야. 민구가 아는 아메리카는 아마 북아메리카와 남아메리카일 거야. 그런데 아메리카 대륙이 이렇게 남과 북으로만 나누는 게 아니라, 멕시코부터 그 아래 일부 지역을 묶어서 중앙아메리카로 분류하기도 해. 여기서 라틴아메리카는 멕시코에서 칠레에 이르는 중남미 지역을 말해.

민구 아! 라틴계 출신 배우가 뭐가 문제인지 알 것 같아. 멕시코와 그 위의 미국, 캐나다의 가장 큰 차이점은 바로 피부색이지?

엄마 맞아! 이 뉴스에서 말하는 '라틴계 출신 배우'라는 말 속에는 하얀 피부색이 아닌 다른 피부색의 주인공이 선정되었다는 뜻이 담겨 있는 거란다.

민구 나도 라틴계 배우가 <백설공주>의 주인공을 맡는 것은 좀 그래.

엄마 어떤 점이 좀 그렇다고 생각했어?

민구 다른 건 모르겠는데 이건 '백설공주'잖아. 백설공주라는 이름이 피부색이 하얗다는 의미로 붙여진 거잖아. 그런데 다른 피부색의 주인공이 등장하는 건 어울리지 않는 것 같아.

엄마 그럼 다양한 인종을 주인공으로 하는 것에 반대하는 거야?

민구 그건 아니야. 하지만 바꿔서 좋은 것과 그렇지 않은 것은 구분해야 할 것 같아. 인종 다양성을 보여주겠다고 백인을 제외하는 건 또 다른 역차별인 것 같아.

엄마 네 말도 일리가 있네!

민구 예전에 《엄지 공주》를 여러 가지 버전으로 본 적 있는데 어떤 건 피부색에 대한 이야기가 없었고, 어떤 것은 주인공의 피부색을 검게 표현했더라고. 엄지 공주는 피부색이 정해져 있지는 않으니까, 그런 건 괜찮은 것 같아.

엄마 같은 내용인데 인물이 그렇게 다양하게 표현되기도 하는구나!

토론 구성원의 조건과 역할

선생님 민구는 토론에 참여해 본 적이 있을까?

민구

재미로 딱 한 번 했어요. 그런데 말을 잘 하지 못해서 같은 팀 친구들에게 미안했어요. 그래서 토론은 무조건 피해요.

유경

저는 TV 토론회에 나오시는 엄마 덕분에 토론을 배웠고, 실제로 많이 참여해 봤어요.

선생님 유경이는 토론회에서 방청객으로 참여해서 토론자에게 질문한 적 있지?

민구

유경이가요? 토론에는 토론자만 있는 게 아니었군요.

선생님 그렇지! 오늘은 토론에 참여하는 사람들의 역할에 대해 살펴보자.

토론의 참여자는 각자 역할이 있다

토론에는 다양한 사람들이 참여한다. 사회자, 토론자와 같이 토론에 직접 참여하는 사람도 있지만, 토론의 형식과 종류에 따라 승부를 판단하는 판정단이나 토론을 듣는 청중도 포함된다. 이렇게 토론에 참여하는 사람들, 그리고 그들이 갖춰야 할 조건과 역할은 다음과 같다.

구성	조건	역할
사회자	• 논제에 대하여 편견이 없어야 함 • 자연스러운 어조로 말하며 다른 사람을 위축시키지 않는 사람이어야 함 • 토론에 적극적으로 참여해야 함 • 지식이 풍부하고 합리적인 사고를 해야 함 • 포용력을 갖춰야 함	• 참가자들의 좌석을 지정할 수 있음 • 토론의 내용을 알리고 참가자들이 주제에서 벗어난 주장을 하지 않도록 함 • 의견이 대립되거나 혼란스러워질 경우에는 논점을 정리하여 참가자들에게 다시 알림 • 양측 의견을 정리함 • 결과를 발표하고 토론을 종결함
토론자	• 토론에 적극적으로 참여해야 함 • 자기의 입장을 논리적 말해야 함 • 정해진 규칙을 지키며 객관적으로 반론해야 함	• 논제에 대한 자료를 준비함 • 사회자의 진행에 따라 토론을 함 • 논제를 벗어난 주장은 삼가야 함 • 다른 토론자에게 예의를 갖춰야 함

판정인	• 토론의 성격에 따라 재판장(법 정 토론에서 미국은 배심원으로 함), 교사(학교 토론 시), 위촉받은 심판 위원(토론 대회 시)으로 구성됨 • 객관적인 입장에서 사실과 의견을 구분해서 들을 수 있어야 함 • 도출된 의견이나, 제시된 근거가 타당한지를 판단하여 공정하게 판결 내려야 함	• 토론에서는 공식적으로 승리자를 밝히지만, 선거 토론과 같은 의사 결정을 위한 토론에서는 승패를 가리는 대신 문제에 대한 의사 확정으로 나타남 • 평가는 논증의 타당성, 사고의 유연성, 논리의 역동성, 상대 주장에 대한 이해력, 설득력 등을 총체적으로 측정하는 것이 원칙임
청중	• 객관적인 시각으로 토론을 지켜봐야 함	• 청중의 의견을 요구하는 토론 외에는 토론을 지켜보는 관찰자여야 함

💡 토론을 원활히 지도하는 미디어 이용법

내 아이에게 토론을 지도할 때 처음부터 딱딱하고 어려운 자료를 제공하거나 너무 많은 자료를 제공하는 것은 오히려 토론에 대한 부담을 줄 수 있다. 또한 모든 정보를 스스로 읽고 이해하도록 하는 것은 토론을 재미없게 만들기도 한다. 그러므로 아이들이 좋아할 재미 요소를 활용하는 것이 좋다.

저자가 활용하는 다양한 미디어 콘텐츠 가운데 몇 가지를 소개하자면, 토론의 의미를 가르쳐 줄 때는 〈예시바 도서관〉 영상을, 토론의 방식을 보여 주거나 재미를 느끼게 해 줄 때는 TV 프로그램 〈무한도전〉을, 토론자의 역할을 보여 줄 때는 영화 〈12명의 성난 사람들(12 Angry Men)〉을 선택한다. 여기에서는 〈무한도전〉과 〈12명의 성난 사람들〉을 소개하고자 한다.

우선 〈무한도전〉의 토론 예시는 2007년 당시에 MBC의 간판 토론 프로그램이었던 〈100분 토론〉을 〈무한도전〉의 고정 출연자들이 패러디한 영상을 바탕으로 한다. 당시 해외에 불기 시작한 '한류 열풍'을 주제로 '한류 열풍, 무한도전 멤버들도 가능한가?'를 논제로 100분간 토론을 진행했고, 이 중 일부가 편집되어 방영되었다. 유재석이 사회자로 나선 이 토론회에서 박명수와 정형돈은 반대 패널로, 정준하와 하하, 노홍철은 찬성 패널로 자리하였다. 이들의 영상을 통해 기승전결에 따른 토론의 준비와 진행 과정을 알 수 있다.

〈무한도전〉, 100분 토론

❶ 기 : 100분 토론 프로그램에 대한 소개. 진행 방식, 논제 등을 다룸

❷ 승 : 토론의 방식에 따라 각자의 역할에 맞게 토론 진행

❸ 전 : 패널의 이야기를 들음

❹ 결 : 시간을 채우기 위해 몸 개그로 급하게 마무리

〈무한도전〉 사례는 토론의 방식과 토론에 등장하는 사람들의 역할을 소개하는 자료로 선택한 것이지만, 토론을 재미있게 학습하기 위해 선택한 자료이므로 실제 토론 지도 자료로서 아주 좋은 자료는 아닐 수 있다. 즉 토론에 대한 교육적 효과를 높이기에는 무리가 있지만 '나도 이 정도의 토론을 할 수 있겠다.' 또는 '토론도 재미가 있다.'라는 느낌을 주기에 적합하다. 이는 아이들에게 토론에 대한 흥미를 느끼게 하고, 토론이 어렵지만은 않다는 경험을 전하는 데 효과적이다.

이처럼 잘 찾은 영상 자료는 어려운 주제를 쉽고 재미있게 만드는 힘이 있다. 또한 아이들에게 수업에 대한 동기를 부여함으로써 흥미를 이끌어 내고, 토론에서 익혀야 할 내용을 보충하는 자료가 된다. 이러한 영상으로 토론에 참여하는 사람들의 역할과 태도에 관해 숙지하도록 지도할 수 있다.

토론자의 역할 (2교시 진행 중 1교시)

❶ 수업 열기 : '오늘의 학습 목표' 제시

❷ 수업 진행 1 : 영상 시청

　　– 전체 영상 중 앞부분만 함께 시청하며 이야기를 나눔

　　– 토론 과정을 시청하며 중간에 멈추고 토론에 참여한 사람들(진행
　　　자, 토론자, 청중)의 역할과 태도에 관해 이야기 나눔

사실 〈무한도전〉 영상 속 토론은 실제 토론이 목적이 아니기
에 방송 내내 논제와 상관없는 말로 서로를 공격하기 바쁘고,
박명수는 "토론은 이렇게 싸워야 해요!"라는 말로 토론을 정의
하며 웃음 코드를 만든다. 그래서 이 영상을 활용할 때는 아이
들에게 우리가 영상을 보는 목적을 이야기하고, 이 영상은 예
능 프로그램이기에 진지한 토론보다는 재미를 중심으로 구성
되었음을 미리 설명해야 한다.

그렇다면 가정에서는 어떻게 지도해야 할까? 영상 콘텐츠를
이용하여 교육할 때는 크게 두 가지 방식으로 지도할 수 있다.
하나는 지금과 같이 영상을 보면서 지도하는 방법이고, 다른
하나는 영상 시청과 교육을 따로 분리하는 방법이다.

우선, 영상을 보면서 교육하고자 할 때는 영상을 보여 주는
방식에 대해 미리 알려 주어야 한다. 즉 영상을 시청하는 도중
에 두세 장면에서 멈출 것이며 그때 이야기를 나누게 될 것임
을 미리 말해 주어야 한다. 만약 아무 설명 없이 영상을 보여

주다가 갑자기 멈추면 아이는 불만의 목소리를 높일 것이다. 그러므로 원활한 교육을 위해 사전에 고지하자.

엄마 엄마랑 볼 영상은 <무한도전>이야. 옛날 거라서 네가 재미있어 할지 모르겠다.

민구 옛날엔 재미있었는데.

엄마 응, 오늘 우리가 볼 영상은 <무한도전>의 토론회야.

민구 무한도전 멤버들이 토론을 한다고?

엄마 네가 생각해도 이상하지? 그들이 토론을 어떻게 했는지 볼 거야. 단순히 재미있는 개그로만 보려고 하는 건 아니야. 우리가 요즘 공부하는 토론을 위해서 보는 거니까, 저들의 개그에만 빠지지 말고.

민구 어쩐지.

엄마 하하. 영상 보다가 중간에 한두 번 정도 멈추고 이야기도 좀 해 볼까 해. 그러니까 중간에 멈췄다고 화내기 없기!

민구 중간에 멈추면 재미없는데!

엄마 엄마도 이해해. 하지만 오늘은 좀 이해해 주라.

민구 알았어.

- 영상 시청 중 -

민구 역시! 유재석 씨가 사회자를 맡았네.

엄마 왜 역시야?

민구 저 사람들 중에서 가장 진행을 잘하잖아.

엄마 그런 것 같기도 하네.

민구 그런데 사회자가 토론자가 발언을 시작한 지 얼마 되지도 않았는데 중간에 끼어들고 발언을 중지시키고 해도 되는 거야?

엄마 저건 예능 프로그램이라서 그래. 실제 토론에서라면 사회자가 저렇게 하지 않아.

민구 그럼 사회자는 어떻게 해야 하는데?

엄마 사회자는 토론에 직접 참여하는 사람이 아니니까 자기의 주장을 밖으로 드러내지 않아야 해. 만약 사회자가 찬성이나 반대의 의견을 드러낸다면 그건 그쪽 토론자가 한 명 더 있는 것과 다름없지.

민구 맞아! 그러면 아무래도 자기 생각과 같은 쪽으로 편파적이 될 수도 있을 것 같아.

엄마 그래서 사회자는 지식이 풍부하고 그 지식을 바탕으로 합리적인 사고를 할 수 있는 사람이어야 해. 또 양쪽의 이야기를 충분히 들어 줄 수 있고 어떤 의견이든 포용할 줄 아는 사람이어야 하지.

다음으로 1957년에 제작된 영화 〈12명의 성난 사람들〉과 2007년 제작된 영화 〈그레이트 디베이터스(The Great Debaters)〉는 저자가 토론 수업에서 가장 많이 이용하는 작품이다. 특히 〈12명의 성난 사람들〉은 원래 흑백 영화였지만 1997년에 TV 영화로 리메이크했을 정도로 흥미진진한 구조와 이야기를 담고 있다.

12명의 성난 사람들(12 Angry Men)

❶ 기 : 정적이 감도는 법정. 18세 소년의 친부 살인 사건에 관한 재판이 진행 중. 유죄로 예상되는 사건에 대해 최후 판결을 앞둔 12명의 배심원이 회의를 시작함

❷ 승 : 12명의 배심원이 만장일치를 이루면 소년은 바로 유죄를 선고받는데, 배심원 중 1명이 소년의 무죄 가능성을 언급함. 그는, 근거는 없으나 제대로 확인하지 않고 유죄로 단정 짓는 것은 문제가 있다고 맞섬

❸ 전 : 유죄가 아닐 수도 있음을 주장한 배심원의 제의로 증인들의 진술을 재현함. 이 과정을 통해 정황상 소년이 범인이 아닐 수 있음에 동조하는 배심원들이 늘어남

❹ 결 : 소년은 무죄로 밝혀짐

위 영상을 활용하여 다음과 같은 방법으로 토론 수업을 진행하였다.

토론자의 역할 (2교시 진행 중 1교시)

❶ 수업 열기 : '오늘의 학습 목표' 제시

❷ 수업 진행 1 : 영상 시청

- 화면은 법정 영상에 멈추고, '기'에 해당하는 내용을 이야기로 들려 줌

- '승'에 해당하는 장면에서 11 대 1의 상황에 몰린 1명의 이야기를 들 어보기로 하는 장면과 그 1명의 이야기를 영상으로 보여 줌

- '전'에 해당하는 영상에서 증인들의 내용을 토대로 재현하는 과정 하나를 보여 줌

- '결'에 해당하는 영상을 보기 전에 학생들에게 어떤 결말이 있을지 예상하도록 질문하고 발표하게 함

- 배심원들의 편견이 한 소년을 유죄로 만들 뻔한 장면을 영상으로 보여 줌

- 영상 속 배심원과 토론자를 동일시하여 이야기함. 토론에서 토론자 가 편견이 없어야 함을 이야기 나눔

❸ 수업 진행 2 : 2교시에 할 배심원 토론에서 토론자가 갖춰야 할 자세 등에 관해 이야기 나눔

이후는 실제 배심원 토론을 진행하며, 2교시 수업 마침

영화를 본 학생들은 다수에 맞서 자기 의견을 말한 1명의 토론자에 대해 인상 깊다는 반응을 보였다. 자신과 의견이 다른

11명을 논리적으로 설득하는 1명의 토론자의 모습을 보면서 말이다. 이런 방식으로 토론자에 대한 로망을 키워 주고, "이렇게만 한다면 누구나 토론을 잘할 수 있다."라고 격려한다.

그렇다면 가정에서는 어떻게 지도해야 할까? 가정은 학교가 아니고 엄마는 선생님이 아니기에, 또 아이들이 엄마 선생님의 지도를 40분씩이나 집중하기 어려우며, 영상을 보다 말다 하면 아이들은 영상 보기를 꺼릴 것이기에 쉽지 않은 과정이 될 수 있다. 이때 할 수 있는 방법은 앞에서 제시한 두 가지 방법 가운데 두 번째 방법인, 영상 시청과 교육을 따로 분리하는 것이다. 영상은 최소 하루 전에 시청하고 다시 날을 정하여 토론 공부를 하는 것이다.

토론자의 역할 (영화 시청과 토론 공부를 분리)

❶ 영화 시청 : 최소 하루 전에 영화를 따로 봄

　– 영화 시청 권유 : 흑백 영화이고 성인만 등장하므로 시청에 대한
　　목적, 당위성 등을 설명하며 시청을 권유할 필요가 있음

　– 영화 시청 분량 : 전체를 볼 수도 있고, 앞부분을 설명한 후 배심원
　　들의 회의가 시작되는 부분부터 볼 수도 있음

　– 영화 시청 소감 : 토론자의 모습, 토론자가 사람들을 설득한 방법,
　　영화 속 인상 깊었던 장면 등을 같이 이야기 나눔

❷ 토론 공부

　– 어제 본 영화 내용 정리 : 문제 상황, 배심원의 역할 등을 순서대로
　　짚으며 줄거리를 정리함

　– 오늘 토론 공부 : 어제 본 영화에 나온 배심원들이 등장하는 토론
　　이 있었음을 이야기함

　– 오늘 토론 내용 : 최근 이슈 또는 다양한 미디어에서 본 내용으로
　　토론 내용을 선택함

　– 오늘 토론 진행 : 배심원이 되어 '문제 제기하기' '논리적 사고하기'
　　'배심원 판결하기'의 과정으로 토론을 체험함

이처럼 교육을 위해 자료를 선택할 때는 가르치고자 하는 내
용과 관련이 있는 것이어야 한다. 이때 놓치지 말고 고려해야
할 것은 영상을 제공하는 목적이다. 즉 영상을 제공하는 목적

을 고려해 토론 장면을 보여 주거나, 토론에서 다루게 될 논제와 관련된 부분을 선택해서 보여 준다.

그러나 늘 입맛에 딱 맞는 영상을 찾을 수 있는 건 아니다. 영상 대부분이 우리가 하고자 하는 교육의 목적에 알맞게 제작된 것이 아니기 때문이다. 그러므로 영상의 일부를 어디에 어떻게 활용할 수 있을 것인가를 고민하는 것은 자녀에게 토론을 지도하는 우리의 몫이다.

이에 대해 다음의 내용을 바탕으로 아이와 이야기 나눠 보자.

엄마 2010년대의 TV 프로그램 중에 <개그 콘서트>라는 게 있었어. 그 프로그램의 한 코너가 '두분토론'이라는 제목의 개그였어.

민구 제목부터 재미없을 것 같아!

엄마 그렇지 않아. '소는 누가 키울 건데'라는 유행어를 낳은, 인기 있는 코너였어.

민구 13년 전이면, 정말 옛날이라 나는 잘 모를 수도 있겠다!

엄마 엄마가 지금부터 그때의 개그 내용 하나를 보여 줄게. 글을 읽고 사회자, 남자 토론자, 여자 토론자 중 누구의 말인지 맞혀 봐.

발언 내용	어떤 구성원일까?
네. 그럼 본격적으로 토론을 진행해 보도록 할 텐데요. 먼저 박 대표님! 여름 패션에는 어떤 문제점이 있습니까?	
여자들이 여름에 시원하게 입고 다니려고 하는 것 자체가 문제입니다. 에! 여름이 더우니까 여름이지, 어디 시원하게 입고 다닐라 그래. 겉옷 입고 다니는 거봐봐. 뭐, 속이 훤히 다 비치는 이런 얇은 티셔츠 입고 다니는 것도 모자라서 뭐~? 하~의~ 실~종! 이거 뭐 입은 거야, 안 입은 거야? 그렇게 하의 실종 할 거 다 하고 다니면 소는 누가 키워. 소는! 소한테 하의 실종 패션을 입혀 주란 말이야. 소가 실종된 하의를 찾으러 가는 데가 '파출소'야.	
아니, 무슨 파출소예요.	
정말 귀가 막히고 코가 막힌다. 그죠? 남자들 여름 패션 어떻습니까? 아니, 뭐 날 더워지기가 무섭게 늘상 줄기차게 꺼내 입는 거 있죠! 허~연 민소매 티예요. 에! 뭐, 너도나도 입으니까 이렇게 월드스타 비 느낌 나는가 싶은가 본데. "야들아! 여자들이 봤을 때 너네 동네 복덕방 아저씨 느낌이거든!" 이제부터는 이렇게 여름에 멋있는 척하면서 입고 다니면서 여자들 눈 망치는 남자들은 여름에도 잠바만 입고 다녀야 한다고 생각합니다.	
그렇다고 한여름에 더운데, 겨울 잠바 입고 다니는 게 어디 있습니까?	

민구 글로 읽으니까 재미가 있는지 어떤지 잘 모르겠어. 그런데 '허~연 민소매티'는 뭘 말하는지 알겠어.

엄마 개그를 글로만 봐서 그래. 아무튼 내용을 보니 누가 말하는 것인지 알겠니?

민구 순서대로 써 보면 사회자, 남자 토론자, 사회자, 여자 토론자, 사회자 이런 순서야.

엄마 맞아. 여기에서 사회자의 역할이 좀 느껴지니?

민구 내용이 짧아서 잘은 모르겠지만, 논제도 말해야 하고, 양측 토론자가 토론을 제대로 할 수 있도록 이끌어야 하는 것 같아!

엄마 맞아~ 바로 그거야! 토론에는 각자 맡은 역할이 있어. 아까 네가 했던 질문으로 돌아가면, 사회자인 유재석 씨는 토론자가 주장을 펼치도록 정해진 시간에 끼어든 것이 잘못이지. 그리고 토론자들도 서로에 대해 예의를 지켜서 발언해야 제대로 된 토론이 될 수 있어.

민구 토론을 잘하기 위해서 익혀야 하는 것들이 많구나!

엄마 지금처럼 천천히, 하나씩 익혀 가자.

토론의 형태

민구

토론의 형태는 모두 같아요?

선생님

그렇지 않아. 민구가 알고 있는, 찬성과 반대로 나뉘는 토론이 가장 기본인 형태의 토론이야. 이외에도 청중이 있는 토론, 평가단이 있는 토론 등이 있단다.

민구

토론에 평가단이 있어요?

유경

토론 중에는 배심원이 있는 토론도 있어.

민구

배심원? 그건 법정에 있는 거 아녜요?

선생님

그럼 이번에는 토론의 다양한 형태에 관해 이야기해 보자.

💡 다양한 토론의 예시
- - - - - - - - - - - - - - - - - - - -

　토론은 우리가 흔하게 생각하는, 찬성 측과 반대 측이 양쪽으로 나란히 앉아서 진행되는 방식만 있는 것은 아니다. 선거 때마다 등장하는 후보자 토론의 경우 찬성 측과 반대 측으로 나뉘는 방식이 아니라 여야 2인 토론 또는 유력한 3인이나 4인이 각자 자신의 주장을 펼치는 형태로 진행된다.

　이처럼 토론은 형식이나 판결 방식 등 토론의 성격에 따라 다양한 형태로 분류되는데, 다음의 네 가지 형태가 가장 보편적이다. ①결론을 유보하면서 반대편의 의견을 비판하여 물리치는 방식의 논쟁식 토론(Debate), ②결론을 적극적으로 추구하면서 여러 의견을 수렴하는 방식의 협의식 토론(Conference), ③결론을 유보하면서 온갖 의견을 수렴하는 형태의 뇌뢰식 토론(Brainstorming), ④결론을 적극적으로 추구하면서 자기 의견과는 다른 의견을 적대적으로 대하는 음모식 토론(Conspiracy)이 그것이다.

　①논쟁식 토론과 ②협의식 토론은 주변에서 흔하게 보았던 형태로, 문제 해결을 위해 찬성 또는 반대로 나뉘어 자신의 주장을 펼치는 방식으로 진행되는 토론을 의미한다. 여기에서 각토론의 형태와 토론의 방식에 대해 살펴보자.

논쟁식 토론 (Debate)	명확한 주제와 엄격한 규칙이 존재하는 체계적인 토론의 형태다. 찬성론과 반대론으로 나뉘며, 양론이 서로 상대편을 평가 또는 비판하면서 자기 측 주장의 타당성이나 정당성을 입증한다. – 1 대 1로 진행되는 '링컨–더글러스 토론' – 여야의 토론자가 펼치는 '의회식 토론' – 정책 결정 방식의 '세다(CEDA) 토론' – 재판의 형태를 닮은 '모의재판 토론' – 철학자 칼 포퍼의 이름을 딴 3 대 3의 '칼 포퍼 토론' – 교차 질문형 토론 등 이야기하듯 주고받는 '이야기식 토론' – 어떤 문제에 대하여 여러 사람이 모여서 충분히 논의하는 '난상 토론' – 토론자를 바꿔 가며 진행하는 '회전목마 토론' 등
협의식 토론 (Conference)	참여자들은 문제 해결에 대한 발언이나 주장을 펼치게 된다. 어떤 발언이나 주장도 허용되며, 자신의 의견과 다른 주장에 대해 반박할 필요가 없다. 책임자나 사회자 등이 토론을 종결시키고, 다수의 의견을 민주적으로 반영하거나 위임받은 권위자에 의해 문제에 대한 해결 방법이 결정된다. – 돌아가며 말하는 '원탁 토론'
뇌뢰식 토론 (Brain- storming)	일상적인 사고방식이 아닌, 뇌에 폭풍을 일으켜서 문제 해결에 대한 다양하고 폭넓은 사고를 통해 새롭고 우수한 아이디어를 얻는 방식의 토론이다. – 문제 해결을 위해 생각을 말하는 '브레인스토밍' – 생각을 글로 작성하는 '브레인라이팅' 등
음모식 토론 (Conspiracy)	명확하지 않은 특정 내용을 한 방향으로 설정하는 음모를 꾸며 토론하는 형태다. 예를 들어 'UFO는 있다'와 같이 명확하지 않은 전제를 사실로 규정하고 토론한다.

이같이 다양한 토론 형태 가운데 어떤 것이 가장 좋은 토론 형태인가는 주어지는 논제, 참여자의 수, 장소 등에 따라 결정된다. 어떤 토론은 교실에서 다수의 학생을 대상으로 적용할 때 효과적이고, 가정에서 부모와 함께 하기에 적당한 토론도 있다. 우선 많은 이에게 익숙한, 찬성과 반대로 나뉘어 논쟁을 펼치는 논쟁식 토론부터 자세히 살펴보자.

💡 찬성과 반대로 나뉘는 논쟁식 토론

대표적인 논쟁식 토론인 '링컨-더글러스 토론'은 1858년 미국의 상원의원을 뽑는 선거 과정에서 링컨과 더글러스가 했던 일곱 번의 토론에서 이름이 붙여졌다. 이 토론은 찬성 측과 반대 측에 각각 한 명의 토론자가 있으며 한 사람이 자기주장을 펼치고 상대에게 대답하고 반박하는 형태로 진행된다. 이처럼 혼자서 토론을 이끌어 가기 때문에 토론 실력이 그대로 드러난다. 1858년 링컨-더글러스 토론의 결과는 더글러스가 당선되면서 더글러스가 이긴 것처럼 보였지만, 무명이었던 링컨이 미국 국민들에게 이름을 알리는 계기가 되었다는 점에서 이 토론의 진정한 우승자는 링컨이었음을 짐작할 수 있다.

유경 링컨이 무명이던 때도 있었어? 난 오히려 더글러스가 누군지 모르겠는데.

엄마 당시에 더글러스는 이미 연방 하원의원이었어. 그러니 미국인들에게는 링컨보다 더 잘 알려진 인물이었겠지.

유경 그런데 토론을 일곱 번이나 했어?

엄마 토론 시간도 꽤 길었다고 해. 좀 과장된 이야기이긴 하겠지만, 어떤 사람들은 토론을 지켜보다가 집에 가서 잠을 자고 다시 나오기도 했다고 해.

유경 헉. 토론 시간이 60분, 100분 이렇게 정해진 게 아니었어?

엄마 토론 시간을 그렇게 정한 것은, 현대에 와서 토론을 미디어로 중계하면서 정해진 것일 거야.

유경 그럼 토론은 어떤 식으로 했어? 두 명이니까, 원탁 토론처럼 돌아가면서 말했어?

엄마 이 토론이 링컨-더글러스 토론이라고 이름 붙여진 것을 보면 특별한 형식이 있었음을 짐작할 수 있어. 아니었다면, 네 말대로 원탁 토론이라고 했을 테니까.

링컨–더글러스 토론		
찬성 측	절차	반대 측
미리 준비한 입장을 발표	**입론**	
	교차 조사	찬성 측의 입론을 듣고, 내용과 관련된 질문
	입론	찬성 측의 입론에 반박하는 입장을 발표
반대 측의 입론을 듣고, 내용과 관련된 질문	**교차 조사**	
반대 측의 주장 내용에 대한 반박	**반박**	
	반박	찬성 측의 반박 내용에 대한 반박
반대 측의 주장 내용에 대한 반박	**반박**	

두 번째로 살펴볼 토론은, 논쟁식 토론에서 가장 널리 알려진 세다(CEDA) 토론과 칼 포퍼 토론이다.

우선, 세다 토론의 영문 이름인 CEDA는 'Cross Examination Debate Association'의 앞 글자를 딴 것으로 '교차 조사 토론'이라고도 부른다. 또한 주로 정책을 논제로 다룬다는 점에서 '정책 토론'이라고도 부른다. 이 토론은 한 팀에 2인 혹은 3인이 참여하며 논쟁을 펼치게 된다.

세다 토론				
찬성 측		절차	반대 측	
1토론자	2토론자	**토론자**	1토론자	2토론자
입론		**입론**		
		교차 조사		교차 조사
		입론	입론	
교차 조사		**교차 조사**		
	입론	**입론**		
		교차 조사	교차 조사	
		입론		입론
	교차 조사	**교차 조사**		
		반박	반박	
반박		**반박**		
		반박		반박
	반박	**반박**		

유경 세다 토론은 학교에서 본 적 있어. 우리 학교도 토론 대회를 할 때 두 명씩 하기도 하고, 세 명씩 하기도 하거든.

엄마 오래전 OBS 경인TV의 프로그램 가운데 고등학생들의 토론 대결을 다룬 '고교 토론 판'이라는 프로그램이 있었어. 이 프로그램에서는 두 명씩 등장해서 자신들의 의견을 펼쳤지. 찬성 두 팀, 반대 두 팀으로 등장했는데, 세다 토론의 형식을 그대로 가져왔다고는 볼 수 없지만,

한 팀을 토론자 한 명으로 생각하고 세다와 유사한 방식으로 진행했다는 점에서 비슷하다고 할 수 있어.

유경 우와! 고등학생이 토론으로 TV에까지 나오다니, 정말 멋지다!

마지막으로, '칼 포퍼 토론'은 철학자 칼 포퍼의 이름을 따서 붙인 토론이다. 이 토론이 다른 토론과 다른 점은 토론자들마다 맡은 역할이 있다는 것이다. 앞서 세다 토론의 두 토론자는 진행 순서에 따라 각자 입론을 말할 기회가 있었다면, 칼 포퍼 토론의 경우 1토론자는 입론과 교차 조사를, 2토론자는 반박을, 3토론자는 교차 조사와 요약정리와 최종 발언을 맡는다.

칼 포퍼 토론						
찬성 측			절차	반대 측		
1토론자	2토론자	3토론자	**토론자**	1토론자	2토론자	3토론자
입론	반박	요약정리	**역할**	입론	반박	요약정리
입론			**입론**			
			교차 조사			교차 조사
			입론	입론		
		교차 조사	**교차 조사**			
	반박		**반박**			
			교차 조사	교차 조사		

			반박		반박	
교차 조사			교차 조사			
		반박	반박			
			반박		반박	
			최종 발언			최종 발언
		최종 발언	최종 발언			

💡 가정에서 지도하기 좋은 협의식 토론

앞에서 소개한 토론들은 대부분 정해진 규칙대로 진행되어
야 하는 것으로, 대회에서 많이 사용된다. 그래서 부모가 가정
에서 아이와 함께 하기에는 부담이 될 수 있다. 내 아이와 함께
토론을 익힌다면 찬성 측과 반대 측으로 나누지 않고 상대의
주장에 관해 반박하지 않아도 되어 부담이 적은 협의식 토론으
로 먼저 접근해 보자. 협의식 토론은 대화를 나누듯이 할 수 있
다는 것이 장점이다.

유경 원탁 토론? 혹시 아서왕의 원탁의 기사와 관련이 있어?

엄마 맞아. 원탁의 기사도 둥근 탁자에 모여 앉아서 나랏일을 같이 의논했다고 해. 원탁 토론도 둥근 탁자에 둘러앉아 돌아가면서 자기의 생각을 말하는 형태의 토론이야.

유경 돌아가면서 말한다는 게 돌아가면서 한 번씩 말할 수 있어서 좋긴 한데, 할 말 없는 사람은 싫겠다.

엄마 그래서 더 유익할 수도 있지. 할 말이 없다면 같은 내용이라도 조금 다르게 바꿔서 다시 주장하면 돼.

유경 그런 방법도 있구나.

엄마 자, 다음 대화를 읽어 봐.

최근 '풍문 탄핵' 하라는 상소가 빗발치고 있소.

전~하~~
조정의 기강을 바로잡기 위해서는
풍문 탄핵이 필요하옵니다.

풍문은 말 그대로 소문일 뿐이지 않소.
말에는 근거가 있어야 하오. 이 문제를 어쩌면 좋겠소?

전~하~~ 아니 되옵니다.
기강을 위해서는 풍문 탄핵이 필요하옵니다.

대신들은 '아니 되옵니다'만 말하지 말고,
어떻게 하는 것이 문제 해결에 좋을지
돌아가면서 말해 보시오.

엄마 임금과 신하의 대화야.

유경 그런데 '풍문 탁핵'이 뭐야?

엄마 말 그대로 '소문만 듣고 탄핵을 한다.'는 뜻이야.

유경 소문만으로 어떻게 탄핵을 해?

엄마 그래서 임금님이 '근거가 있어야 한다.'고 말하는 거겠지! 그래서 대신
들에게 돌아가며 말해 보라고 하는 거야.

유경 아! 이렇게 돌아가면서 말하는 게 원탁 토론이구나!

토론의 부담을 덜 수 있는 뇌뢰식 토론

뇌뢰식 토론(브레인스토밍)은 최대한 많은 의견을 받고, 이를 통해 문제에 대한 대안을 도출하는 형태의 토론이다. 브레인스토밍의 특징인 '질보다 양'을 우선시하며, 토론자의 발언에 반박하지 않는다. 이 형식은 토론에 부담을 느끼는 토론자도 쉽게 토론에 다가갈 수 있다는 장점이 있다.

유경 오늘 학교에서 누구를 회장으로 뽑아야 하는지에 대해 친구들과 이야기했어.

엄마 그래서?

유경 애들이 지민이를 뽑자고 했어.

엄마 왜에?

유경 음~~.

엄마 '누구'를 뽑는 것보다 '어떤 사람'을 뽑을 것인가가 더 중요하지 않을까?

유경 어떤 사람? 회장의 기준을 생각해 봐야 하는 거구나!

엄마 그렇지! 그럼 어떤 사람을 뽑아야 할지 정리해 볼까?

유경 리더십이 있는 사람. 욕설이나 폭력을 사용하지 않는 사람. 친구들을 존중하고, 친구들에게 존중받는 사람. 자기 말도 중요하지만 친구들의 말을 잘 들어주는 사람.

엄마 이렇게 브레인스토밍을 하면 문제 해결을 더 잘할 수 있지!

유경 내일 친구들과 함께 이 문제에 대해 다시 브레인스토밍을 해야겠어!

💡 현실적 증거를 제시하기 어려운 음모식 토론

음모식 토론은 일반적이지 않은 상황을 문제로 제시하고, 특정 음모가 그 상황을 지배하고 있다고 주장하는 형태의 토론이다. 'UFO는 있다.'나 '인간은 창조되었다.'와 같이 명확하지 않은 전제를 사실로 규정하고 진행한다. 이러한 토론에서는 현실적으로 적용되기 어려운 논제가 제시되며, 대부분 증거 없는 가설을 사실인 양 주장하며 우기는 경우가 많다.

유경 엄마는 창조론을 믿어? 아니면 진화론을 믿어?

엄마 엄마는 엄마의 조상이 원숭이였다고 믿고 싶지는 않아!

유경 그럼, 창조론을 믿는 거야?

엄마 그것도 사실 믿기 어려워!

유경 에이, 한 가지만 선택해 봐.

엄마 선택보다, 왜 그렇게 생각하는지에 대한 근거를 제시할 수 있어야 하는 거 아닐까?

유경 이 문제에서 근거를 찾을 수 있어?

엄마 이 문제는 과학적 관점이냐, 아니면 종교적 관점이냐의 문제라고 생각해. 사실 종교적인 것에 근거를 댄다는 건 어려운 일 아닐까? 그렇다고 해서 과학적 관점의 진화론도 엄마는 근거로 받아들이기 어려워!

유경 역시 이 문제는 어려운 거구나!

💡 토론 지도 전략 – 부모 토론자가 지켜야 할 것

부모가 토론을 지도할 때는 다음의 두 가지 사항을 신경 써야 한다.

첫째, 부모도 토론자가 되어 아이와 반대 입장에서 주장을 펼쳐야 한다. 여기서 주의할 것은 부모 역시 아이와 같은 토론자의 입장이라는 점이다. 그러므로 토론 중간에 아이의 발언에 대해 맞다 혹은 틀렸다 하고 지도하지 않아야 한다.

둘째, 아이가 제시한 근거가 마음에 들지 않더라도 정해진 시간까지는 그대로 진행하고 그 이후에 서로 이야기를 나누며 자기평가를 할 수 있도록 지도해야 한다. 무엇보다 중요한 것은 아이가 토론을 끝까지 경험하도록 하는 것이다. 중간에 그만두지 않도록 환경을 만들어야 한다.

토론을 위한 자리 배정

민구

토론할 때도 정해진 자리에 앉아야 해요?

유경

다른 사람은 잘 모르겠지만, 사회자는 자리가 정해져 있잖아.

민구

언젠가 TV에서 토론 대회를 본 적 있는데, 앉은 순서대로 이야기하더라고.

유경

앉은 순서보다는 그 자리에 있는 토론자의 역할에 따라 말하는 것이 아닐까? 그쵸, 선생님?

선생님

맞아. 유경이 말처럼 토론자마다 역할이 정해져 있는 토론이라면 토론 진행 순서에 따라 역할을 담당하는 사람이 말을 해야겠지. 하지만 역할이 정해지지 않은 경우는 순서와 상관없이 누구라도 이야기할 수 있어.

💡 자리에도 의미가 있다

'자리'는 단순히 의자를 가리키는 말이 아니라, 그 자리에 앉는 사람의 위치와 역할 등의 의미까지 담고 있다. 가령, 자동차 좌석에도 위치마다 앉는 사람이 지정되어 있다. 앞의 왼쪽 자리는 운전하는 사람이 앉는 운전석, 그 오른쪽 자리는 조수석이라고 부르며, 조수석의 뒷자리가 가장 좋은 자리 또는 가장 배려를 받아야 하는 사람을 위한 자리다. 이는 자리에 앉는 사람의 역할이나 차 운행 시의 안전 등을 고려한 배치다. 토론도 마찬가지다. 토론자의 역할이나 토론의 형태에 따라 자리가 정해진다.

이는 행사에서도 마찬가지다. 좀 오래된 일이지만, 2005년 한국에서 아시아태평양경제협력체(APEC) 정상 회의가 열렸는데 참가국 정상들의 자리 배치에 관심이 쏠렸다. APEC은 아시아와 태평양의 비전과 경제 현안을 협의하기 위해 1989년에 출범하였다. 외교 및 통상 분야 장관들이 참석하며 통상, 재무, 중소기업, 정보 통신, 교통, 인력 개발, 에너지, 관광, 보건, 과학 기술, 교육, 여성, 해양, 환경, 광업 등 15개 분야별 장관 회의를 매년 또는 비정기적으로 개최하기로 정해졌다. APEC 회원국은 미국 · 중국 · 일본 · 러시아 4강을 포함해 총 21개국이다.

2005년에는 우리나라에서 이 회의가 개최되었다.

당시에 가장 관심을 끈 것은 물론 '안건'이었지만, 각국 언론의 이슈는 '대표들은 어떤 순서로 자리할까?'였다. 정상 회의장의 좌석은 원형의 형태로 배치되며, 정상 좌석의 순서는 규정에는 없으나 관례로 회원국 이름의 영어 알파벳 순서에 따른다. 전년도 개최국이나 다음해 개최국 정상에게 의장국 좌우 좌석을 배려하기도 한다. 이에 따라 당시에는, 의장인 한국 대통령을 중심으로 원탁 왼쪽에는 전년도 개최국인 칠레 대통령, 오른쪽에는 차기 개최국인 베트남 국가주석의 자리를 배치하였다. 나머지 국가 정상들은 국가 이름의 영어 알파벳 순서에 따라 시계 방향으로 자리가 배치되었다.

토론의 자리로 돌아와서, 난상 토론과 같이 정해진 순서 없이 진행되는 토론에서는 토론자들의 자리를 특별하게 지정할 필요가 없다. 하지만 토론자의 역할이 입론, 반론, 최종 발언 등으로 정해져 있다면 주장과 반박을 순서대로 펼칠 수 있도록 자리가 정해진다. 그러므로 자신이 무엇을 잘하는지에 따라 역할이 정해졌다면 그 자리에서 자신의 역할을 잘 수행하면 된다.

토론을 위한 자리 세팅

학교에서 3 대 3으로 토론 수업을 진행하는 일이 종종 있다. 이런 수업을 위해서는 보통 토론에 적합하도록 교실 안의 자리 배치를 할 필요가 있는데, 저자는 보통 자리 세팅을 미리 하지 않는다. 우선 해당 수업에서 하게 될 토론의 형태에 대한 이론 수업을 진행한다. 그리고 나서 3 대 3 토론을 위해 자리를 세팅한다. 이때 제일 앞자리 학생들의 책상 4개를 빌려 2개씩 붙여서 칠판 앞에 배치한다. 이렇게 세팅을 하는 이유는 토론자들이 서서 토론에 참여하도록 하기 위함이다. 토론자가 서 있으면 시선이 집중되고 소리가 잘 전달되는 장점이 있다.

어느 날은 자리 세팅이 완료된 뒤에 토론에 참여할 학생들을 선발해서 역할을 정하고 각자의 자리에 서도록 했다. 그런데 두 학생이 자리를 놓고 티격태격했다. 이유인즉, 한 학생이 가운데에 서고 싶었던 게다. 이 학생의 역할은 최종 발언이었는데 "최종 발언자라고 해서 꼭 끝자리에 서라는 법이 어딨냐!"며 가운데에 서야겠다고 고집을 피웠다. 결국 "가운데 자리에 설 거면 자리에 어울리게 반박을 담당하면 된다."면서 끝자리로 보내기 위한 설득을 해야 했다.

어떤 수업을 하건 모든 조건이 잘 세팅된 상태에서 학생들을 만나는 것이 아니라, 전체 과정을 학생들과 함께 진행해 가는 형태로 수업을 계획해야 한다. 이렇게 준비하면 진도가 더디고 수업 시간이 아깝게 느껴질 수 있다. 하지만 이러한 토론을 몇 번 경험하고 나면 지도자가 없어도 학생들끼리 토론을 진행할 수 있다는 장점이 있다.

　가령, 오늘 수업할 내용이 생일 선물에 관한 난상 토론이라 면 다음과 같이 자리를 배정하고 토론을 진행한다.

자리 배정과 실제 토론 진행 2

❶ 수업 열기 : 지난 시간에 제시한 과제 점검

❷ 수업 진행 1 : 오늘의 토론 형태 소개

　－ 토론 이름, 진행 순서, 규칙을 설명

　－ 책상을 이동하여 자리를 배치

❸ 수업 진행 2 : 오늘의 토론 체험 활동

　－ 지난 시간 제시한 과제를 바탕으로 토론 활동 참여

　난상 토론이나 원탁 토론의 경우 5개 이상의 책상을 붙이면 코너, 즉 사각지대에 앉은 학생의 모습이 보이지 않거나, 목소 리가 작은 학생의 토론 내용이 대각선 자리에 앉은 학생에게 전달되지 않을 수 있다. 그래서 토론을 위한 공간을 구성할 때

는 소리 전달도 고려해야 한다.

난상 토론이나 원탁 토론은 자리에 정해진 값이 없으므로 내가 앉은 자리에서 찬성이나 반대 그 어느 것도 가능하다. 하지만 세다 토론의 경우 찬성이냐 반대냐에 따라 사회자의 오른쪽 자리냐 왼쪽 자리냐가 정해지고, 같은 편이라도 역할에 따라 자리가 다르므로 실수하지 않도록 익힐 필요가 있다.

찬반 토론	
모의재판 토론	

그렇다면 가정에서는 어떻게 지도하면 좋을까? 가정에서는 3 대 3처럼 여러 명이 필요한 토론은 하기가 쉽지 않다. 그러므로 앞서 만나본 다양한 토론 형태를 응용하여 어떻게 자리를 세팅하고 토론을 진행할 것인가에 대해 생각해 보아야 한다.

가령, 모의재판 토론이나 배심원 토론의 경우 각자의 역할을 정한 뒤에 토론자끼리 마주 보고 앉을 것인지, 아니면 배심원을 보고 앉을 것인지, 또는 있는 자리에서 편하게 할 것인지에 대해서 이야기를 나누자. 이때 중요한 것은 구성원들의 의견을 듣는 것부터 시작하는 것이다. 저자가 학교에서 학생들과 함께 자리 세팅을 하는 것처럼, 가정에서의 자리 세팅도 아이와 함께 의논하며 준비해야 한다. 그것이 토론의 시작이며, 서로에 대한 존중이라고 볼 수 있다. 이러한 자리 세팅 과정을 통해 아이들은 자신이 어떤 형태의 토론에 참여하게 될 것인지를 인지하게 된다.

엄마 정식으로 토론을 한다면 청중을 보거나 상대 토론자를 보거나 하는 등의 규칙에 따라 앉아야 해. 하지만 우리는 실제 토론처럼 하기에는 공간이나 구조가 적합하지 않아.

유경 내가 봐도 그냥 앉은 자리에서 하는 게 가장 좋을 것 같아. 그래도 찬성은 찬성끼리, 반대는 반대끼리 뭉쳐서 앉으면 좋겠어.

엄마 그래. 그럼 찬성과 반대, 같은 팀끼리 서로 의논하면서 해도 되겠다.

가정에서는 자리 세팅을 잘하는 것보다 상황 속에서 자연스럽게 토론이 진행될 수 있도록 지도하는 것이 좋다. 이러한 형태는 어느 때나 토론을 진행할 수 있다는 장점이 있다. 가령, 아이가 식사 중에 스마트폰을 오래 본다면 그 자리에서 바로 원탁 토론을 진행할 수 있다.

엄마 오늘의 논제는 '식사 중에 스마트폰의 사용은 허락되어야 한다.', 어때?

유경 아냐. 스마트폰 안 볼게.

엄마 에이, 혹시 알아? 토론으로 스마트폰 사용을 허락받게 될지?

유경 그럼, 만약 내가 이기면 식사 시간에 사용해도 뭐라고 안 하기.

엄마 아빠가 계시면 심판을 봐 주실 텐데, 오늘은 아빠가 안 계시니 각자 공정하게 심판하기. 어때?

유경 좋아요.

이때 주의할 것은 식사 중에 벌어진 일이므로 수다처럼 접근해야 한다는 것이다. 만약 "자, 지금부터 수저는 내려놓고 엄마랑 토론해 보자."라고 접근한다면 식사 시간에 스마트폰을 사용하는 것에 관한 꾸지람이 된다. 그러므로 대화를 잘 이끌어야 한다.

스마트폰과 관련하여 덧붙이자면, 부모가 자녀의 스마트폰 사용을 허용하더라도 이유 없이 허용하는 것보다는 토론이나 대화를 통해 어떻게 사용하는 것이 좋은지를 스스로 생각해 볼 수 있는 기회를 제공하는 것이 좋다.

행복한 토론 - 아고라

'모이다'란 뜻의 그리스어 '아고라조(Agorazo)'가 어원인 '아고라(Agora)'는 고대 그리스 도시국가의 중심에 있는 광장을 의미하던 말이다. 고대사회의 광장에서는 민회나 재판, 상업, 사교 등의 다양한 활동이 이루어졌다. 아테네 중앙에는 고대 아테네 시민들이 서로 만나 정치를 논하고, 물건을 사고팔고, 제사를 올리고, 논쟁을 벌이던 아고라 유적지가 있다. 아크로폴리스가 신들이 사는 신성한 영역이었다면 아고라는 인간들의 삶이 생생하게 펼쳐진 삶의 현장이었다.

그렇다면 우리 민족에게는 이러한 장이 없었을까? 모든 것을 마음대로 했을 것 같은 임금과, 임금의 명령만을 따라야 했을 것 같은 신하들, 그리고 궐 밖의 수많은 유생들… 그러나 그들은 무조건 명령하거나 수용하기보다 갑론을박('갑이 논(論)하면 을이 논박(論駁)한다'는 뜻으로, 서로 논란(論難)하고 반박(反駁)함을 이르는 말)하며 임금의 반대편에 서기도 하고, 왕권 행사를 구제하기도 하였다. 이러한 장을 '경연'이라고 불렀다.

오늘날의 아고라는 공적인 의사소통이나 직접민주주의를 상징하는 말로 널리 사용된다. 토론은 정치뿐만 아니라 다양한 주제로 펼쳐진다.

책을 읽고 생각을 주고받는	독서 토론
근본원리를 따지는	철학 토론
사회현상을 연구하는	사회과학 토론
사회적 사건을 고민하는	시사 토론
바른 정치를 위한	정책 토론
인류 사회의 변천을 연구하는	역사 토론
과학적 현상을 연구하는	과학탐구 토론

오늘부터 내 아이와 이야기를 나눠 주세요

① 아이가 관심 있어 하는 주제를 파악한다.

② 그중에서 최근 갈등의 요소가 있는 이슈를 선택한다. 이때 뉴스 등을 검색해도 좋다.

③ 이슈에 관해 함께 읽는다. 아이가 읽게 할 수도 있고, 부모가 읽어 줄 수도 있다.

④ 이슈에 관한 생각을 나눈다. 옳고 그름을 따지는 것이 아니라 '그럴 수도 있구나!' 하는 반응을 보인다.

⑤ 갈등의 양쪽 입장을 모두 생각해 보게 한다. 한 방향으로 결론 짓게 하는 게 아니라 다양한 입장이 있음을 알게 한다.

토론의 논제 : 7가지 조건에 대하여

민구

우리 동네 골목길에 차가 너무 많이 다녀서 엄청 불편해.

유경

맞아. 차가 많은 데다 쌩쌩 달리고, 길 양쪽에 오토바이도 주차되어 있어서 불편하고 사람들이 다니기 위험해.

민구

선생님, 요런 건 토론으로 해결할 수 없을까요?

선생님

당연히 가능하지. ①골목길로 차들을 다니게 할 것인가? vs 못 다니게 할 것인가? ②일방통행으로 바꿀 것인가? vs 현행대로 양방 통행을 허용할 것인가? ③일방통행을 한다면 방향은 어떻게 할 것인가에 대해 토론할 수 있어.

민구

우와! 그런 것도 토론이 되는구나!

논제는 토론의 재료다

논제는 토론의 재료다. 요리할 때 채소와 고기, 각종 양념 등의 재료가 필요하듯 토론도 논제라는 재료가 필요하다. 논제는 자기의 주장을 내세울 때 중심이 되는 '논쟁점들 가운데 가장 핵심적인 사안(문제가 되는 안건)을 명료하게 구분해 주는 진술문'이다. 그래서 명료하지 않은 것이 있다면 토론에 들어가기 전에 그에 대한 해석을 일치시켜야 한다. 그래서 토론 대회에서 가장 먼저 확인하는 것이 '단어의 정의'다. 단어가 내포하는 의미와 그 단어가 이야기하는 문제의 범위를 확정하는 것이다.

여기서 잠시, 영화 〈그레이트 디베이터스〉의 한 장면을 보고 오자. 1935년 와일리 대학을 배경으로 토론에 관한 실화를 담은 이 영화는 2007년에 미국에서 제작 및 상영되었다. 이 작품의 절정은 끝부분에 나오는 토론 대회 장면이다. 영화에서 토론의 시작이 바로 단어 정의였으며, 이를 통해 무엇이 논쟁점인지를 잘 보여 준다. 물론 영화에서 보여 주는 토론은 우리에게 익숙한 방식인 상대의 잘못된 논리를 지적하는 형태와는 차이가 있다. 즉 한 문장 한 문장이 청중의 마음을 파고들어 그의 말에 설득되고 동화하도록 만든다.

자, 그럼 영화 속 장면을 잠시 들여다보자.

사회자 : 지금부터 파머 군이 첫 번째 긍정의 논쟁을 하겠습니다.

파머 주니어 : 우선 주제에 대해 짚고 가겠습니다. 시민 불복종은 정의를 향한 싸움에서 도덕적 무기입니다. 하지만 불복종이 도덕적이었던 때가 있었나요? 저는 그것은 단어에 대한 사람의 정의에 의지한다고 봅니다.
그리고 단어. 1919년 인도에서 영국의 폭정에 항의하기 위해 암리차르에 1만 명이 모였습니다. 레지널드 다이어 장군은 광장에서 그들을 체포했고, 그의 병사들에게 10분간 군중을 향해 발포할 것을 명령했습니다. 이로 인해 남자, 여자, 아이 할 것 없이 잔혹하게 총에 맞아 쓰러지는 등 379명이 죽었습니다. 다이어는 그들에게 도덕적 교훈을 가르쳤다고 말했습니다. 간디와 그의 추종자들은 폭력으로 응수하지 않고 비폭력의 조직화된 캠페인으로 응수했습니다. 정부의 건물들이 점령되었고, 거리는 폭동을 거부하는 사람들에 의해 가로막혔습니다. 심지어 경찰에게 얻어터지기도 했습니다. 그리고 간디는 체포되었습니다. 하지만 영국은 곧 그를 풀어 주도록 강제 받았습니다. 간디는 그것을 '도덕적 승리'라 하였습니다.
여기서 도덕적 정의는 다이어의 교훈인가요? 아니면 간디의 승리인가요? 여러분이 선택하십시오.

이 내용은 토론의 주제인 '시민 불복종'과 관련하여 "불복종은 도덕적 무기이지만 도덕적으로 사용되지 않으며, 이는 '시민 불복종'이라는 단어가 개인에 따라 다르게 정의되고 있기 때문이다."라는 견해를 밝히는 연설이다. 이를 설명하기 위해

'시민 불복종'에 대한 개념 정의를 간디의 사례를 들어 설명하고 있다.

　이처럼 논제와 관련된 용어의 개념을 정리하는 과정을 통해 토론의 방향이 어긋나지 않도록 이끌 수도 있다. 예를 들어 토론의 주제가 '사교육 관련 법'이라고 했을 때 '사교육'의 정의는 물론 그 범위를 명확하게 밝혀야 한다. 가령, 학교교육 이외의 모든 교육을 사교육이라고 보아야 하는지, 아니면 학교교육 외의 교육 가운데 개별적으로 돈을 내고 배우는 교육을 사교육이라고 보아야 하는지, 또는 학교 내 교육이지만 방과후교육과 같이 돈을 내는 교육까지도 사교육이라고 보아야 하는지에 관해 명확하게 정리한 뒤에 토론을 시작할 필요가 있다.

💡 논제의 3가지 유형

　토론의 주제가 되는 논제는 사실 논제, 가치 논제, 정책 논제로 분류할 수 있다. 논제는 보통 '~하다.'의 서술형으로 제시되는 것이 일반적이지만, '~해야 하는가?'와 같이 의문형으로 제시되기도 한다. 또한 현실과 반대되는 것, 즉 현실엔 없기에 요청하고 싶은 것을 논제로 삼는 것이 일반적이다.

가령, 교실에 와이파이가 없다면 '와이파이를 설치해야 한다.'가 논제가 될 수 있다. 다른 예로 CCTV가 없다면 'CCTV를 설치해야 한다.'의 형태로 논제를 제시하고, CCTV가 있다면 'CCTV는 사생활을 침해하므로 없애야 한다.'를 논제로 제시하면 된다. 그럼 어떤 논제들이 토론에 등장하는지 살펴보자.

사실 논제	– 사실의 존재 유무, 참이나 거짓으로 평가할 수 있는 논제 – '주민들이 오염된 식수를 마셔서 건강이 나빠졌다.'와 같이 실제로 그럴 수 있다고 추정되는 사실과 관련해 판단을 내릴 수 있어야 함 – 찬성 측은 추정되는 사실이 진실임을, 반대 측은 그것이 거짓임을 주장함 – 가치 논제나 정책 논제에 관한 토론에서 함께 다루어지기도 함
가치 논제	– 개념 정의, 가치관의 차이, 가치 판단의 기준에 관한 판단을 다루는 논제 – '연예인 따라 하기, 이대로 좋은가?'와 같이 가치를 판단할 수 있어야 함 – 특정 신념이나 가치, 사실 등이 정당하며 그것이 쟁점이 되는 현 사건을 평가하는 데 적절한 정의나 기준에 부합한다고 주장함 – 특정 가치를 승인하거나, 그 가치를 거부하게 됨
정책 논제	– 문제 해결 방안 등 정책의 실행 방안에 관한 판단을 내릴 수 있는 논제 – '체벌은 긍정적 제도인가, 부정적 제도인가?'와 같이 그 정책이 필요한지, 현실성이 있는지, 정책이 사회나 국가에 어떤 이익을 줄지 논의해야 함 – 찬성 측은 특정 정책이나 일련의 행동이 채택되어야 한다고 주장하고, 반대 측은 정책이 거부되어야 한다고 주장함

이렇게 다양한 논제들 가운데 어떤 논제가 좋은 논제일까? 좋은 논제의 조건은 다음과 같다.

토론 논제의 7가지 조건	
❶ 찬반 대립	찬성, 반대 중 한쪽의 입장에 설 수 있는 형식으로 표현되어야 한다.
❷ 하나의 주장	명백한 주장을 위해 한 가지 명제만 포함해야 한다.
❸ 구체적 내용	논제에 사용하는 용어는 뜻이 분명해야 한다.
❹ 상태변화 의도	현 문제를 정확히 인식하고, 문제점을 개선하고 해결하려 해야 한다.
❺ 공정성 유지	토론자들의 공정하고 평등한 기회를 위해 논제는 중립적이어야 한다.
❻ 관심과 흥미	시사 등 흥미롭게 토론할 수 있는 논제를 제공해야 한다.

💡 토론 지도 전략 - 논제를 만들 때 주의할 점

그렇다면 가정에서는 어떤 논제로 토론할 수 있을까? 분야별로 아이와 할 수 있는 토론 논제의 예시를 몇 가지 제시하면 다음과 같다.

분야	주 제
학교 관련 논제의 예	전교 어린이 회장은 꼭 필요한가?
	좌석 배치는 선생님이 해야 하는가?
	숙제가 필요한가?
	온라인 수업에서 잠옷을 입고 참석해도 되는가?
가정 관련 논제의 예	학원은 꼭 다녀야 하는가?
	게임은 통제되어야 하는가?
	생일 선물을 준비해야 초대에 응할 수 있는가?
	청소는 가족이 함께 해야 하는가?
사회 관련 논제의 예	식당에 반려견을 데리고 가도 좋은가?
	아파트에서 저녁에 피아노를 연주해도 좋은가?
	거리에 쓰레기통은 반드시 있어야 하는가?

이렇게 재미있을 것 같은 토론의 논제가 떠오르더라도 아이들에게 논제를 제공하기 전에 부모가 먼저 찬성과 반대 각각의 측면에서 논거를 생각해 보아야 한다. 이외에 토론을 위한 논제를 만들 때 주의해야 할 점은 무엇이 있을까?

적합한 주제 종류	주의할 점
토론자의 생활과 밀접한 관련이 있거나, 토론자가 관심 있어 히는 주제	토론자가 교육과정에서 아직 접하지 않은 것, 이슈이긴 하나 토론자에겐 관심 없는 것, 어려운 용어가 많이 등장하는 것은 피하는 것이 좋다.
찬성과 반대가 명확하게 구분될 수 있는 주제	찬성이나 반대가 아닌, 적절하게 중간을 선택할 수도 있는 주제는 피하는 것이 좋다.
토론자가 근거 자료를 구하기 쉬운 주제	찬성과 반대 중 한쪽으로 치우친 이슈, 사실 자료를 바탕으로 구체적인 근거를 제시하기 어려운 주제는 피하는 것이 좋다.

엄마 엄마가 몇 가지 토론 내용을 보여 줄 테니까, 어떤 논제가 나왔기에 이런 토론을 했는지 생각해 봐.

은주 저는 산타클로스는 존재하지 않는다고 생각합니다. 그 이유는 착한 일을 안 했는데도 산타클로스가 선물을 놓고 가서, 이상하다 싶어 그다음 크리스마스에 자는 척하고 지켜봤더니 아빠께서 선물을 놓고 가시더라고요. 친구들에게도 물어보니 같은 경험을 했다고 했습니다. 즉 산타를 가장한 부모님께서 그동안 선물을 주고 계셨던 것이지요. 그러므로 산타클로스는 없습니다.

수철 저는 산타클로스는 존재한다고 생각합니다. 친구들이 선물을 부모가 대신 주는 것을 봤다는 이유로 산타클로스는 없다고 하는데, 사실 그것은 자신의 착함이 2% 부족하기 때문에 산타에게 선물을 받지 못할 자녀를 대신하여 부모가 가져다 놓는 것일 뿐 산타클로스가 없다는 증거는 아니기 때문입니다. 그리고 핀란드의 산타 마을에 사는 산타클로스가 TV나 신문에 자주 실리기 때문에 산타클로스는 존재한다고 생각합니다.

유경 은주는 산타클로스에게 선물 못 받겠다. 산타클로스가 계신다고 믿어야 받을 수 있지.

엄마 넌 믿어?

유경 글쎄. ^^

엄마 자, 산타클로스의 존재론에 대해서는 다음에 다시 이야기하고, 이 글의 논제를 생각해 볼까?

유경 뻔해! 이건 '산타클로스는 실제로 존재한다.' 또는 '산타클로스는 실제로 존재하는가?'가 논제였을 거야.

엄마 그렇게 생각하는 이유는 뭘까?

유경 이 글에 등장하는 은주와 수철이의 주장이 '산타클로스가 있다/없다.'로 나뉘어 있잖아. 그러므로 존재의 유무를 묻는 논제였을 것 같아.

엄마 오~~ 맞았어! 자, 그럼 이 토론의 논제도 유추해 봐.

민혁 저는 동물원에서 사는 원숭이가 야생에서 사는 동물들보다 더 행복하다고 생각합니다. 그 이유는 동물원의 원숭이는 야생에서 사는 동물들에 비해 보호받을 수 있고, 손쉽게 식량을 구할 수 있기 때문입니다. 그래서 저는 동물원의 원숭이가 더 행복하다고 생각합니다.

영선 저는 야생의 동물들이 더 행복하다고 생각합니다. 동물원의 원숭이는 식량과 보호를 받을 수 있지만, 그렇게 생활하면 자유가 없어집니다. 그러므로 저는 야생의 동물들이 더 행복하다고 생각합니다.

유경 음… 이건, 좀 헷갈린다! 혹시 '동물원의 원숭이가 야생의 원숭이보다 더 행복할까?'가 논제였을까?

엄마 왜 그렇게 생각했어?

유경 둘 다 원숭이를 예로 들어서 설명하고 있으니까.

엄마 그런가?

유경 아! 아니다. 영선이는 야생의 동물들이 더 행복하다고 생각했고, 그

예가 원숭이었어. 그러니까 논제는 '동물원의 동물들이 야생의 동물들보다 더 행복할까?'였을 거야!

엄마 그래. 네 생각이 맞는 것 같구나! 넌 동물원의 동물들과 야생의 동물들 중 누가 더 행복하다고 생각해?

유경 난 잘 모르겠어. 이건 야생의 동물들 의견이 중요한 건데, 물어볼 수가 없잖아.

엄마 그러니까 다른 근거를 찾아서 주장을 펼치는 거지.

유경 난 자유도 중요하고, 안전하게 먹고 사는 것도 중요하다고 생각해. 그리고 동물의 입장에 대해서는 생각해 본 적이 없어서, 뭐라고 말해야 할지 논리적으로 말하기가 어려워.

엄마 네 말도 맞다. 함부로 이럴 것이라고 추측해서 주장하는 것도 무리가 있지. 그래서 토론의 논제는 찬성이나 반대의 측면에서 명확하게 주장을 펼칠 수 있는 것이 좋은 거야.

이런 기준을 바탕으로 다양한 논제가 만들어졌다면 그 가운데 하나를 선택하여 토론을 진행하기 전에 재미있는 놀이를 해 보자. 저자는 토론 수업의 기초 작업으로 토론 카드로 '주장 펼치기 놀이'를 한다. 아이들이 일상에서 비교적 흔히 겪는 상황을 바탕으로 토론 카드를 만들어 제공하는데, 이 카드를 통해 아이들은 토론의 주제가 다양할 수 있다는 사실과 무엇을 논리로 펼칠 것인가를 간접적으로 경험한다. 또한 토론에 대한 부담을 덜고, 재미있는 놀이를 통해 자기 생각을 말하는 것에 점점 익숙해진다.

아래는 가정과 사회로 나누어 일상에서 일어날 수 있는 문제 상황을 논제로 제시한 카드이다(《출처:보드게임, 교육과 만나다》, 박점희·은효경 지음, 애플북스). 아이와 토론할 때 활용하여 다양한 주제로 이야기 나눌 수 있다.

제사에 꼭 가야 하나?

할아버지 댁에 제사 지내러 가느라 학원도 빠지고 공부에 지장이 많다. 제사에 아이들이 꼭 가야 할까? 당신의 의견은?

15kg 개, 입마개 의무

경기도가 몸무게 15kg 이상의 반려견 외출 시 입마개를 의무적으로 착용해야 한다는 대화를 내놓았다. 이에 대한 찬반 의견은?

학원 선택은 누가?

성적을 올려 준다는 학원을 부모님이 알아보고 유명한 학원에 아이를 보낸다. 학원은 공부하는 학생이 직접 선택해야 한다. 당신의 의견은?

40cm 개, 입마개 의무

농림축산식품부는 바닥에서 어깨까지의 높이가 40cm 이상인 개의 입마개 착용을 의무화했다. 이에 대한 찬반 의견은?

진로 선택은 누가?

내 꿈은 내가 선택하고 싶다. 그런데 부모님은 전망 좋고 취업 잘되는 분야로 진로 선택을 하라고 하신다. 진로는 내가 선택해야 한다. 당신의 의견은?

화재 시 불법 차량 조치

불법 주정차로 소방 활동이 방해되어서 소방관이 차량을 훼손해도 보상받지 못한다. 이에 대한 찬반 의견은?

논증의 이해

유경

선생님, 어제 엄마께서 참석하신 TV 토론을 밤늦게까지 봤어요. 그런데 상대편 토론자가 정말 근거도 없는 논리를, 반복적으로 같은 말만 해서 짜증났어요.

민구

나는 내가 그럴 때가 있는데! 심증으로는 알겠는데, 머릿속에서 정리가 안 되거나 말을 잘 못해서 우기거나 자꾸 말을 되풀이하는 거.

유경

토론에서 그런 게 어딨어. 친구들이랑 그냥 이야기할 때는 그럴 수 있지만, 토론에서 근거 없는 주장은 먹히지 않아. 그리고 근거도 없이 우기기만 하면 그 말을 누가 믿어 주겠어!

선생님

맞아. 근거를 제시할 수 있어야 제대로 된 토론이 이루어지지. 민구는 근거 없는 주장에 손을 들어 주겠어?

민구

아! 저도 같은 말로 계속 우기기만 하는 사람은 싫어요.

💡 논리적으로 옳은 것을 밝히는 논증이 필요하다

논증이란 어떤 문제의 옳고 그름을 근거를 들어 논리적으로 명확하게 밝혀 주장하는 것이다. 그래서 대체로 하나의 결론을 위해 여러 증거가 나열되기도 한다. 즉 해결되지 않았거나 증명해야 할 문제, 대표적으로 행위, 신념, 태도, 가치 등에 관한 내용을 담고 있는 가증명제(可證命題)에 대해 '~하게 생각한다. 왜냐하면 ~하기 때문이다.'라고 하는 논거의 방식으로, 그 명제를 뒷받침하는 이유와 근거를 들어 상대에게 말하거나 질문 또는 대답하는 형태로 증명 또는 입증하는 것이다.

이러한 논증을 위해서는 명제가 무엇인지 확인하고, 그 명제를 어떻게 증명할 것인가를 살펴야 한다. 여기서 명제는 어떤 것에 관한 판단 내용을 말이나 기호로 표현하는 것을 말한다. 다음 표를 통해 어떤 명제들이 있는지 살펴보자.

사실 명제	분명한 사실을 토대로 사실의 옳고 그름을 판단하는 명제 예) 훈민정음은 세종대왕이 창제했다. 한국전쟁은 1950년 6월 25일에 발발했다.
정책 명제	어떤 상태나 행동이 어떻게 되어야 바람직하다고 주장하는 명제 예) 스크린쿼터 제도는 폐지되어야 한다. 대학교 신입생들에게 글쓰기 교육을 강화해야 한다.

가치 명제	어떤 제도나 사물, 혹은 인간, 사상, 윤리, 예술작품 등의 좋고 나쁨(가치)을 판단하는 명제 예) 인간의 본성은 선하다. 《무정》은 한국 근대문학사를 대표하는 명작 소설이다.

위에서 명제는 사실 명제, 정책 명제, 가치 명제가 있다고 말했는데, 그렇다면 아래에 제시된 표에 소개된 명제들은 각각 어디에 속하는지 알아맞혀 보자.

명제	답
독도는 우리 땅이다.	사실 명제
부모님의 잔소리는 필요하다.	가치 명제
담배는 청소년 건강에 해롭다.	사실 명제
학교에서 스마트폰 규제는 필요하다.	정책 명제
상벌을 스티커로 표시하는 것은 교육적이다.	가치 명제
상벌을 스티커로 표시하는 제도는 폐지되어야 한다.	정책 명제

💡 나만의 토론 지도 전략 세우기

앞에서 살펴본 명제를 논증하기 위해서는 다음에 대해 생각해 보아야 한다.

- 주장은 무엇인가?
- 주장을 믿을 만한 이유는 무엇인가?
- 그 이유를 뒷받침하는 근거는 무엇인가?
- 이유와 주장을 연결 짓는 원칙(전제)은 무엇인가?
- 다른 견해에 대해 어떻게 대응할 것인가?

질문들을 정리하였다면 다음의 방법들을 신경 쓰며 논증해 보자.

- 경험(직접 또는 간접)을 근거로 활용한다.
- 신뢰를 담보하는 미디어(신문, 책, 논문 등) 자료를 제시한다.
- 일의 순서와 과정을 묘사한다.

💡 토론 지도 전략 - 논거의 취사선택

논거란 어떤 판단이나 주장이 옳다는 것을 증명해 주는 사실이나 이유, 원인 등이 되는 근거이다. 우리는 흔히 경험은 근거로 적합하지 않다고 생각한다. 하지만 보편적으로 누구나 알 수 있는 경험은 근거로서 큰 힘을 발휘한다.

반면, 미디어의 자료라도 신뢰가 담보되지 않을 수 있음을 알아야 한다. 특히 '가짜 뉴스'라고 불리는 허위조작 정보가 넘치는 세상이기에 더욱 주의해야 한다. 허위조작 정보를 가려내는 방법으로 언론사 이름과 게재 날짜 확인하기, 기자 이름과 이메일 주소 확인하기, 제목과 내용의 일치 여부 확인하기 등의 다양한 방법이 있다.

하지만 허위조작 정보를 가리는, 즉 팩트를 체크하는 것은 사실상 쉽지 않다. 그러므로 토론에서 근거를 위한 정보를 찾을 때는 검색창의 가장 위에 올라온 정보만 선택할 것이 아니라 최대한 많은 정보를 검토한 후 선정해야 한다. 이때 정보가 사실을 얼마나 담고 있는지, 편향적인 정보는 아닌지 등에 대한 정확도를 높이기 위해서는 다양한 시각에서 많은 미디어를 살펴보아야 한다.

사실 논거	- 구체적이고 현실적인 사실이 추론의 근거 - 일반적 지식, 정보, 통계 수치나 사실, 역사적 자료, 체험, 목격담이 해당한다. 예) 한국언론진흥재단이 1,080명의 성인을 대상으로 팩트 체크 역량을 살펴본 결과 1.8%의 성인만이 팩트를 정확하게 가려내는 것으로 나타났다.
의견(소견) 논거	- 특정 분야의 전문가나 권위자의 의견에 바탕을 둔 논거로, 신뢰도는 그 의견을 가진 사람의 권위에 비례한다. 예) 이 분야의 전문가 홍길동 씨에 따르면, 팩트 체크는 대부분의 사람들이 잘 가려내지 못한다고 지적한 바 있다.

민구

그런데 토론을 준비하다 보면 꼬리에 꼬리를 물고 의문이 생겨요. 가령, 방탄소년단과 병역의무 제도라는 것을 연결해서 생각하면요. 방탄소년단도 나라의 이름을 드높였으니 안 가는 것이 맞다고 생각하다가, '그건 방탄의 일인데 다른 사람들이 왜 나서지?' 하는 의문이 들고, '방탄이 군대에 안 가면 누구에게 좋을까? 또는 나쁠까?' 하는 의문도 들어요.

유경

오~ 민구가 무조건 찬성과 반대를 선택하는 것이 아니라, 주장을 펼치기 위한 배경을 먼저 고민하게 되었구나!

선생님

맞아. 토론이란 본래 자신이 옳다고 생각한 것이 정말 옳은지를 확인하는 과정이라는 말도 있어. 그동안에는 깊이 고민한 적이 없어서 단순하게 생각했던 것들을, 토론을 위해 정보를 수집하면서 더 깊게 고민하게 되는 거지. 그러니 민구처럼 꼬리에 꼬리를 무는 의문은 긍정적인 신호라 할 수 있어!

토론은 상대를 설득하는 말하기다

논증에서 필요한 것이 추론이다. 추론이란 이미 알고 있는 명제(전제)에서 새로운 명제(결론)를 이끌어 내는 과정이며, 대표적으로 연역법, 귀납법, 귀추(가차)법 등을 이용한 추론이 있다.

연역법	제시되는 대전제와 다음에 제시되는 소전제에서 새로운 결론을 이끌어 내는 추론 예) 단시간에 다이어트에 성공한 사람은 이후 폭식으로 요요현상이 발생한다. : 대전제 날씬해진 은주가 폭식을 시작했다. : 소전제 은주는 요요현상이 시작됐다. : 결론
귀납법	개별 사례를 전제로 일반적 사실로의 결론을 이끌어 내는 방법 예) 2003년에 사스가 발생했다. 2012년에 메르스가 발생했다. 2019년에 코로나19가 나타났다. 그러므로 약 10년 주기로 새로운 바이러스가 나타날 것이다.
귀추 (가차)법	특별한 사실로부터 시작해서 가장 그럴듯한 설명을 이끌어 내는 추론으로 '최선의 설명'을 위한 추론 방법. 복합적 귀추, 유추적 귀추, 관찰 기반 귀추, 논리 기반 귀추가 있음

이 중에서 많이 알려진 방식은 연역법과 귀납법이다. 이 두 가지 추론 방법을 간단하게 정리하면 다음과 같다.

연역법	귀납법
형식적 추리와 같은 뜻으로, 삼단논법이 대표적. 삼단논법은 두 개의 명제가 대전제와 소전제를 이루고 하나의 명제가 결론이 되는 전형적인 연역법의 형태	개별적 사실들을 총괄하여 일반적 주장을 성립시키는 사고법으로, 특수 사례를 근거로 일반화의 진리를 도출하는 방법

연역법은 '만약'이라는 가정에서 명제 혹은 법칙을 결론으로 이끌어 내는 추론 방법으로, 다음의 예와 같이 추론한다.

모든 사람은 죽는다(대전제).

➡ 소크라테스는 사람이다(소전제).

➡ 그러므로 소크라테스는 죽는다(결론).

귀납법을 예를 들어 보면 다음과 같다.

소크라테스도 죽었고, 아리스토텔레스도 죽었고, 공자도 죽었다.

➡ 그러므로 사람은 모두 죽는다.

연역법과 귀납법은 꽤 오래된 추론 방법이다. 시대를 거슬러 올라가면 어느 시대에는 연역법이, 또 다른 시대에는 귀납법이 더 부각되었다. 이는 시대뿐만 아니라 지역에 따라서도 마찬가지였다. 그래서 영국의 사상가 프랜시스 베이컨은 연역법을 비판하고 귀납법에 매달리다가 코페르니쿠스의 지동설을 배척하는 오류에 빠지기도 했다.

앞에서도 언급했듯 논증은 결론을 정하고 전제를 증명한다는 점에서 일반적인 추론과는 다르다고 할 수 있다. '이렇기 때문'이라는 논증이 없거나 구체적이지 않다면 토론자는 상대 토론자와 청중을 합리적으로 설득하기 어렵다. 그러므로 공동체를 지향하는 논증이라면 합리적인 사고를 넘어 다른 사람들이 자기 견해를 수용할 수 있을 만큼의 타당한 논리를 제시할 수 있어야 한다.

나만의 토론 지도 전략 세우기

그렇다면 보편화된 추론은 논거가 될 수 없을까? 논증으로 쓰이기 위해 갖춰야 하는 것이 있다면 그것은 무엇일까?

추론은 말 그대로 관찰한 사실이나 가설 등에서 이미 알려진 정보를 바탕으로 어떠한 원리나 예측 등을 이끌어 내는 것이다. 즉 알고 있는 것을 바탕으로 미루어 짐작하는 것을 말한다.

전제	➡	결론
어떤 것	➡	도달점
제비가 낮게 날면	➡	비가 온다.

예를 들어 '제비가 낮게 나는 것을 보니 곧 비가 올 것 같다.'와 같이 물리적인 현상을 근거로 일상적인 일도 쉽게 추론할 수 있다.

이처럼 누구나 보편적으로 이미 알고 있거나 과학에서 기준이 되는 하나의 현상을 바탕으로 다른 현상이 갖는 구조나 기능의 유사한 정도를 확인하고, 이를 통해 다른 요소까지 확장시켜 증명하는 방법이 추론이다. 그렇다 보니 논리적 확실성에 대해 지적받는 일도 있지만, 법 적용에 있어 사회의 다양한 사건들을 다룰 때 유사한 사안들을 바탕으로 판결을 내린다는 점에서 근거로 사용 가능하다고 할 수 있다.

💡 토론 지도 전략 : 귀추법의 활용

토론에서 생각하는 힘을 기르기 위해서는 꼬리에 꼬리를 무는 질문이 필요하다. 그것이 '귀추'라는 이름의 추론이다. 가령,

'빌보드 차트에 10주간 연속으로 Top 10에 이름을 올린 아이돌은 병역을 면제받아야 한다.'와 같은 논제에서 다음과 같은 질문을 꼬리에 꼬리를 물 듯 연결할 수 있다.

논제 : 빌보드 차트에 10주간 연속하여 TOP 10에 이름을 올린 아이돌은 병역을 면제받아야 한다.

정의 : '병역 특례'란 군인을 모집하는 징병제 국가에서 병역의무가 있는 사람에게 특정한 자격을 인정해서 산업 기능 요원, 전문 연구 요원, 예술 · 체육 요원 등으로 대체 복무를 하도록 한 규정을 말한다. 아이돌과 관련된 예술 · 체육 요원은 예술 · 체육 분야에 2년 10개월간 종사하며 해당 분야의 발전에 기여하게 된다.

관련 질문의 예

– 아이돌이 군대에 가지 않으면(or 가면) 좋겠다고 말하는 사람들은 누가 있을까?

– 아이돌이 군대에 가지 않으면(or 가면) 좋겠다고 말하는 이유는 뭘까?

– 아이돌이 군대에 가지 않았을 때(or 갔을 때) 그들이 얻게 되는 것은 뭘까?

– 아이돌의 활동이 '국위 선양 및 문화 창달에 기여한'이라는 병역 특례 사유에 적합하다고 생각되는가?

– 그러한 이유로 병역을 면제받는 것은 옳을까?

– 이러한 주장이 형평성에 위반되지는 않는가?

대부분의 아이들은 이미 결론을 정한 상태에서 입맛에 맞는 근거를 찾는 것이 보통이다. 그러다 보니 근거가 부실하거나 반박을 받아치지 못한다. 그래서 처음부터 결론을 정할 것이 아니라, 추론과 같이 꼬리에 꼬리를 무는 질문 과정을 통해 찬성과 반대를 정하고 논거의 방향도 정리해야 한다.

돈이 많으면 행복할까? (박현희 지음, 웅진주니어)

이 책은 아이들이 돈과 가격, 소비 등 경제의 기초 지식들을 하나하나 알아가며 '나도 행복하고 세상도 행복할 수 있는 소비'란 과연 어떤 소비인지 생각하게 만든다. 각 장의 '우리들의 이야기' 코너에서는 미래초등학교 4학년 1반 나눔 장터의 이야기를 통해 아이들이 일상에서 가격과 시장경제의 원리를 배우고, 본문에서는 철학과 풍부한 시사 정보가 담긴 글이 이어져 이 책을 읽은 어린이들이 올바른 경제관을 형성하도록 구성되어 있다.

엄마 우리, 이 책에 담긴 이야기를 귀추법을 활용하여 정리해 볼까?

유경 돈이 많으면 당연히 행복한 거 아냐? 그걸 뭐 그런 어려운 방법까지 동원해서 정리해?

엄마 책 속에 숙종 임금의 미행에 관한 이야기가 나오잖아.

유경 응. 허름한 작은 오두막집에서는 웃음소리가 끊임없이 흘러나오고, 양반들이 사는 동네에서는 그런 소리를 듣지 못했다는 이야기.

엄마 그래. 왜 허름한 동네에서는 웃음소리가 끊임없이 나왔을까?

유경 글쎄. 좋은 일이 있는 건가?

엄마 또 다른 생각은?

유경 아기가 있어서인가? 들은 적 있거든, 아기가 방긋 웃어서 온 가족이 함께 웃다 보니 웃음소리가 끊이질 않는다는 이야기.

엄마 아! 그 이야기를 아는구나. 또 다른 생각은?

유경 가난해도 만족할 줄 알아서 웃는 것은 아닐까?

엄마 그치. 만족의 기준은 사람마다 다른 거니까. 또 다른 생각은?

유경 이젠 잘 모르겠어!

엄마 사람들이 웃는다는 건 사실 잘살고 못사는 빈부와는 관계가 없는 것이 아닐까? 그래서 임금이 생각한 사람들이 웃을 수 있는 기준이, 허름한 동네냐 양반 동네냐가 아닌 거 아닐까?

유경 아! 행복은 돈으로 살 수 있는 것이 아니라고 했으니까. 돈이 많다고 행복한 건 아니라는 이야기와 연결될 수 있겠네.

엄마 이렇게 꼬리에 꼬리를 물면서 질문을 하면 더 많은 것에 관심을 가지게 되고, 그러한 것이 나의 지식이 되는 거지.

논증의 표현

민구

선생님! 그런데 어떻게 하면 토론에서 말을 잘할 수 있어요?

선생님

가능하면 다른 사람들이 민구의 주장과 근거를 잘 알아들을 수 있도록 전달해야 해.

민구

그렇게 한다고 하는데도 어려워요. 제가 설명을 잘 못하나 봐요.

선생님

자기의 생각을 잘 표현하는 방법을 익힐 필요가 있어.

민구

그런 게 따로 있어요? 알려 주세요.

선생님

자! 그럼 오늘은 주장을 입증하는 말하기에 대해서 알아볼까?

💡 토론은 말하기가 중요하다

논증을 위한 말하기 양식이 따로 있는 것은 아니다. 그러나 이유나 증거를 밝히는 말하기의 목표는 맥락을 갖춰서 이유를 제시함으로써 상대방이 의견을 받아들이도록 설득하는 것이다. 그러기 위해서는 평소 말하기 길러두어야 한다.

토론의 말하기는 가르치는 지도자마다 또는 상황에 따라 다양한 방식을 사용한다. 대회용이거나 토론 학습이 어느 정도 진행되어 기본을 익혔다면 말본 표를 나눠주고 괄호 안의 글자를 바꿔서 읽도록 제시하기도 한다. 그러나 토론을 처음 시작해서 근거를 제시하는 말하기가 어렵거나 습관화가 되어 있지 않을 때는 놀이를 통해 익히기도 한다. 이렇게 게임의 형태로 진행하는 것을 게이미피케이션(게임화)이라고 한다. 게임화에 대해 자세히 알고 싶다면 저자의 책《보드게임, 교육과 만나다》, 《미디어 리터러시 보드게임북》,《컴퓨팅 사고력 보드게임북》을 참고하면 된다.

다시 토론 이야기로 돌아와서, 실제 수업에서 사용하는 게임화 교구를 소개한다.

실제 수업에서 진행했던 몇 가지 게임을 소개하고자 한다. 첫 번째 게임화 교구는 초등학교 저학년 학생들을 위한 '문장 완성하기 게임'이다.

이 교구는 A4 크기로 제작되어 있다. 아래에 보이는 것처럼 주장과 근거가 쓰인 판과 문장 카드가 한 세트로 구성되어 있다.

| 주장은 | | 말합니다. |
| 근거는 | | 말합니다. |

| 그렇게 생각하는 이유를 |
| 나의 생각을 |

어른의 눈으로 보면 한눈에 답이 보이는, 아래의 문장 카드를 위의 종이 빈칸 위에 올리면 끝나는 활동이다. 하지만 아이들에게는 배워서 아는 것이 아니라 읽고 문장을 맞히는 과정을 통해 스스로 익히는 재미있는 놀이 겸 공부가 된다.

이와 유사한 형태로, 아래와 같이 토론에 필요한 다양한 교구를 만들어 말하기를 훈련한다.

주장은	나의 생각을	말합니다.
근거는	그렇게 생각하는 이유를	말합니다.

엄마!	친구 생일 선물 사게	5천 원만 주세요.
	근거	주장

어느 정도 연습이 끝나면 주장과 근거를 한 문장이나 두 문장으로 다양하게 말할 수 있도록 제작한 보드를 제공하여 토론의 말하기를 익히게 한다.

복도에서는		주장
왜냐하면		근거
복도는		근거
		주장

뛰면 안 됩니다.	다른 사람과 부딪칠 수 있기 때문에,
다른 사람과 부딪칠 수 있기 때문입니다.	뛰면 안 됩니다.

이 활동에서는 아래와 같이 문장을 먼저 완성하는 아이가 손을 들고 발표하는 방식으로 게임을 즐긴다.

복도에서는	뛰면 안 됩니다.	주장
왜냐하면	다른 사람과 부딪칠 수 있기 때문입니다.	근거
복도는	다른 사람과 부딪칠 수 있기 때문에,	근거
	뛰면 안 됩니다.	주장

엄마 그럼 이건 네가 직접 해 볼래?

도서관에서는		주장
왜냐하면		근거
도서관은		주장
		근거

유경 우선 위의 것은 '도서관에서는 조용히 해야 합니다. 왜냐하면 다른 사람들의 독서에 방해될 수 있기 때문입니다.'로 하면 될 것 같아. 그리고 아래의 문장은 '다른 사람들의 독서에 방해가 되기 때문에, 조용히 해야 합니다'로 하면 될 것 같아!

앞에서도 언급했듯 '아이들이 이쯤은 알 거야'라고 생각하고 넘어간 것이 결국에는 학습력에서 구멍으로 작용한다. 실제 수업에서는 한 반에서 서너 명을 제외한 대부분의 아이들이 이 간단한 문장의 완성을 어려워했다.

💡 토론 지도 전략

토론의 기초적인 말하기를 익혔다면 다음의 '언플러그드 토론 게임'을 활용하여 순서대로 말하기를 경험하게 해 보자.《컴퓨팅 사고력 보드게임북》에 수록된 게임을 이용하여 컴퓨터와 같이 순서대로 말하는 것을 익히게 하면 도움이 된다.

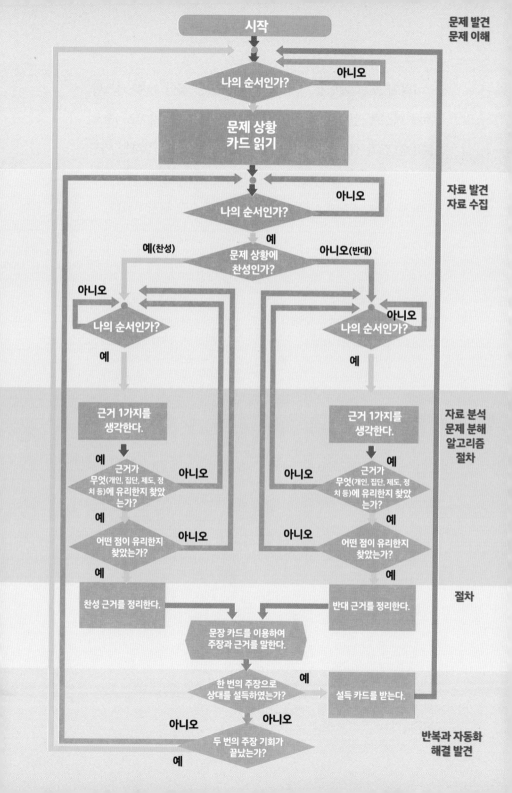

시작

문제 발견
문제 이해

나의 순서인가?   아니오

문제 상황
카드 읽기

자료 발견
자료 수집

나의 순서인가?   아니오

예

문제 상황에
찬성인가?

예(찬성)   아니오(반대)

아니오   아니오
나의 순서인가?   나의 순서인가?

예   예

자료 분석
문제 분해
알고리즘
절차

근거 1가지를
생각한다.

근거 1가지를
생각한다.

예   근거가   아니오   아니오   근거가   예
무엇(개인, 집단, 제도, 정   무엇(개인, 집단, 제도, 정
치 등)에 유리한지 찾았   치 등)에 유리한지 찾았
는가?   는가?

예   어떤 점이 유리한지   아니오   아니오   어떤 점이 유리한지   예
찾았는가?   찾았는가?

예   예

절차

찬성 근거를 정리한다.   반대 근거를 정리한다.

문장 카드를 이용하여
주장과 근거를 말한다.

한 번의 주장으로   예
상대를 설득하였는가?   설득 카드를 받는다.

아니오   아니오

반복과 자동화
해결 발견

두 번의 주장 기회가
끝났는가?

예

이렇게 토론 게임을 할 때 빠질 수 없는 것이 논제 카드다. 논제 카드는 앞서 '논증의 이해'에서 본 것을 활용해도 좋고, 교육을 위해 새로 작성하여도 좋으며, 책 속에 등장하는 카드를 활용해도 좋다. 아래 카드는 '민주 시민의 권리와 의무'를 주제로 실제 뉴스에 실렸던 소식들을 바탕으로 작성되었다.

선택의 자유?

너도나도섬에 전염병이 발생하여 여행 제한 국가로 분류되었다. 자유롭게 여행하고 싶은 가고파 씨는 여행지를 선택할 자유는 나라가 아닌 자신에게 있다고 한다. 당신의 의견은?

군대 면제 받아야?

대한민국의 만 18세 이상 남성은 군대를 간다. 단 국제적 업적이 인정되면 면제를 받는다. 이차트 씨는 방탄소년단이 연속 빌보드 차트 1위로 국위를 선양했으니 면제 대상이라 주장한다. 당신의 의견은?

안전벨트는 필수?

배가 나온 배불뚝 씨는 안전벨트가 불편하다며, 임산부도 착용 예외 대상이니 자신도 착용하지 않아도 된다고 말한다. 당신의 의견은?

CCTV 설치해도 될까?

혼자 사는 어르신의 안전을 체크하기 위해, 어르신 댁에 CCTV를 설치하자는 의견이 나왔다. 그러나 어르신의 사생활이 침해받는다는 주장도 맞선다. 당신의 의견은?

행복한 토론
- 미디어 리터러시

아이들은 논증을 위한 근거를 어디에서 찾을까? 수업에서 만난 아이들 대부분은 '인터넷'이라고 답한다. 어찌 보면 당연한 일이 아닌가 싶다. 손 안에 스마트폰이 있고, 스마트폰 안에는 무엇이든 대답해 주는 '지식인'이 있기 때문이다. 더구나 검색에서 가장 위에 올라온 정보가 원하는 키워드를 담고 있다면 그것 하나로 충분해한다. 더 이상의 검색은 필요가 없는 것이다.

하지만 이는 인터넷에 넘쳐나는 정보에 관한 특성, 즉 미디어에 대한 이해가 미흡하기에 일어나는 현상이다.

캐나다 미디어 리터러시 협회의 창립자인 베리 덩컨과 그의 동료들에 의하면, 미디어는 8가지 속성을 갖는다.

미디어의 속성 8가지

1. 모든 미디어는 구성물이다.
2. 미디어는 실재를 구성한다.
3. 수용자는 미디어의 의미를 해석한다.
4. 미디어는 상업적 속성을 가진다.
5. 미디어는 이데올로기 및 가치가 내재된 메시지들을 포함한다.

---

6. 미디어는 사회적, 정치적 속성을 가진다.
7. 형태와 내용은 미디어와 밀접한 관련이 있다.
8. 각각의 미디어는 독특한 심미적 형식을 가진다.

미디어가 만들어지는 과정에서 어떤 의도와 의미가 부여될 수 있으니 우리는 미디어가 보여 주는 것을 그대로 받아들일 것이 아니라 비판적으로 사고해야 한다는 것이다. 이는 토론에서 매우 중요한 부분이다.

소통을 위해 다음의 3가지를 기억해 주세요

① 토론 관련 용어를 익히도록 지도하기
– 토론에서 사용되는 단어의 뜻 알기 : 논점, 쟁점, 주장, 근거, 논거, 반론, 반박, 논지, 추론, 논증, 명제, 논술, 서술, 기술 등의 용어의 뜻 알기
– 토론에 등장하는 전문 용어의 뜻 알기

② 찬반 선택을 위한 '합리적 선택과 기회비용' 등에 대해 알게 하기
어른들은 합리적 선택을 이해할 때 경제 개념을 중심으로 익힌 지식이 있기에 어떤 것이 합리적인지 이해하는 것이 쉽지만 아이들은 그렇지 않다. 그러므로 토론에서 찬성과 반대를 선택하는 것이 문제 해결에서 어떤 결과를 가져올지를 유추해 보거나, 그러한 결과가 가져올 사후 문제를 고민해 보도록 하면 좋다. 가령, 유경이는 엄마와 서점으로 책 네 권을 사러 갔다. 엄마는 권장 도서를 사 주고 싶었지만, 유경이는 TV에 등장하는 캐릭터가 담긴 책을 사고 싶었다. 사고 싶은 책 네 권을 고른 유경이는 떼를 쓰기 시작했다. 이때 엄마가 "네가

계속 떼를 쓴다면 한 권도 가질 수 없을 거야. 하지만 엄마가 원하는 책과 네가 원하는 책을 반반씩 산다면 거기까지는 엄마가 허용해 줄게."라고 말했다. 비록 두 권은 자신이 갖고 싶어 하는 책이 아니지만, 네 권을 모두 원하는 책으로 사겠다고 계속 떼를 썼더라면 한 권도 구입하지 못했을 것이다. 그런 점에서 합리적 선택이라 할 수 있다.

③ 일상에서 토론을 익히도록 도와주기
최근 사회에서 이슈로 부각되는 사회문제에서부터, 아이들이 읽은 책이나 가족의 여행과 같은 개인적 활동에 이르기까지 다양한 것을 주제로 함께 이야기 나누면 좋다. 이때 주의할 것은 잔소리나 꾸지람이 아니라, 다양한 시각에서 생각할 수 있도록 하는 것이다. 그러기 위해서는 부모의 대화법도 점검할 필요가 있다. 특히 말끝을 흐리지 않고 온전한 문장으로 갖춰서 말하도록 지도한다.

선생님

자, 지금까지 토론에 필요한 것들을 익혔으니, 이제 입론서를 작성해 볼까?

민구

이름만 들어도 겁이 나네요. 저는 글을 잘 못 쓰거든요.

유경

겁낼 필요 없어. 주장하는 것을 종이에 쓰는 거니까.

선생님

입론이란 자신의 주장이나 판단을 내세우는 거니까 유경이의 말도 틀리지는 않아. 입론은 토론회 등에서 기조연설, 발제 등의 형태와 같아. 즉 본격적인 토론에 들어가기에 앞서 자신의 주장을 내세우는 시간이지. 하지만 입론서를 잘 작성해야 토론을 제대로 진행할 수 있으니, 너무 가볍게 생각하거나 대충 쓰면 본 토론에서 난처해질 수 있어.

민구

역시 어려운 거군요!

입론서를 작성하려면 시급성, 중요성, 개선 필요성 측면에서 논제의 배경을 생각해 봐야 한다. 각각의 개념 정의는 다음과 같다.

시급성	이 논제가 우리 사회에서 절박하고 시급하게 해결해야 할 문제인가?
중요성	이 논제가 사회적으로 중요한 문제인가?
개선 필요성	현재 상황에서 개선할 필요성이 있는가?

그리고 다음을 바탕으로 입론서를 작성하면 된다.

논제	예) 대중문화 예술인을 위한 군 대체 복무 제도를 마련해야 한다.
용어 정리	용어가 이중적인 의미를 갖지 않도록 정의한다. 정의할 때는 국어사전, 각종 전문 사전, 전문가의 의견 등을 참고한다. 예) 대중문화 예술인 : 최소 몇 번 이상의 국내외 수상을 한 사람, 최소 몇 번 이상 해외 언론에서 다뤄졌던 사람을 대상으로 한다.
쟁점	2차 반론 시 정부 발표문을 읽고 도출한 핵심 쟁점과 질문을 활용하여 작성한다.
나의 입장	2차 반론 시 작성한 찬성표/반대표를 참고하여 자신의 입장을 찬성/반대 중 하나로 결정한다. 중립적인 입장을 취하지 않도록 한다.

입론	근거 1	논제에 대해 찬성 또는 반대하는 까닭을 쟁점과 관련하여 서술한다. 예) 먼저 중요성 측면에서 대중문화 예술인을 위한 제도가 생겨야 하는 첫 번째 이유는, 대중문화도 예술의 하나이기 때문입니다.
	근거 1에 대한 설명	근거 1의 논제와의 관련도, 신뢰도, 타당도를 통계 및 실험, 전문가 의견, 실제 사례를 활용하여 증명한다.
	근거 2	근거 1과 근거 2 중 어떤 내용을 먼저 제시하는 것이 유리한지 고민해 본다. 예) 개선 필요성 측면에서, 예술인들은 하루만 연습을 게을리해도 표가 나는데 20대의 가장 중요한 시기에 병역으로 인한 손실을 보지 않도록 예술 부대를 창설하는 등의 개선이 필요하기 때문입니다.
	근거 2에 대한 설명	근거 1과 원리가 같다.
예상되는 반론		상대편에서 제시할 만한 근거와 그에 대한 설명을 예상해 본다. 이때 2차 반론 시에 작성한 찬성표/반대표를 활용하여 자기 근거의 취약점이나 예외적인 부분을 생각해 보면 좋다. 예) 대체 복무 제도에 해당하는 예술인은, 예술을 하는 모든 사람에게 해당하는 제도가 아니라는 점을 제시할 수 있다. 예) 대중문화, 특히 노래와 같은 것은 일반 복무 중에도 실력이 줄어드는 예술 분야가 아니다. (이하 생략)

반론 꺾기	상대편이 제시하리라 예상되는 근거의 논제와의 관련도, 신뢰도와 타당도를 검증한다. 관련도, 신뢰도, 타당도를 모두 충족할 경우 상 대편이 제시한 근거보다 우리 편이 제시한 근거가 더 중요한 이유에 대해 생각해 본다. 구체적으로 다음과 같은 점에 대해 생각하도록 안내한다. – 제도 시행으로 인한 문제점과 유익 중 무엇이 더 중요한가? – 제도 시행으로 인한 문제점을 해결할 방법이 있는가? – 같은 유익을 얻을 수 있는 다른 방법이 있는가? 예) 1번 반론에 대해 '그래서 대체 복무 제도가 특혜'라는 중점에 서 게 된다는 점에서 예술 부대를 창설하는 개선의 필요성을 제시하 였다. 예) 2번 반론에 대해서, 실력이 줄어드는 악기, 실력이 줄어들지 않는 악기가 따로 있지 않다. 모든 악기는 일정 기간 사용하지 않으면 녹슬게 되어 있다. 인간의 소리도 마찬가지다. 그러기 때문에 예 술 부대의 창설을 제시하는 것이다.
마지막 강조할 내용	마지막에 제시되는 내용이 독자 또는 청자의 뇌리에 가장 깊게 박힐 수 있음에 유의하며, 우리 편의 근거 중 가장 강조하고 싶은 점을 다 시 짚도록 안내한다. 예) 대체 복무 제도에 대해 '군대를 면제받는 제도'로 오해하는 경우 가 많은데, 이 제도는 예술 요원으로 대체 복무를 하는 제도다.

이처럼 입론을 위한 입론서는 다양한 양식으로 작성할 수 있다. 앞에서 보여 준 표에 작성해도 좋지만, 다음 페이지에서 제시하는 표를 이용해 작성해도 좋다. 자신에게 조금 더 쉽게 느껴지거나 익숙한 것을 이용한다.

다음 표에 생각을 정리한 뒤에 위와 같이 입론서를 작성해 보자.

〈토론 논제〉

– 입론서 쓰기

1. 계획하기

논제(주제)	독립을 위해 폭력 투쟁을 중단해야 한다.
입장	□ 찬성　　□ 반대
목 적	설득

2. 내용 생성하기

[쟁점 1] 문제의 심각성	
[쟁점 2] 해결책의 실행 가능성	
[쟁점 3] 해결책 실행 후 이익/효과	

3. 조직하기

서론	
본론	

결론		
논제	독립을 위해 폭력 투쟁을 중단해야 한다.	
용어 정리		
쟁점		
나의 입장		
입론	찬성	반대
근거 1		
근거 1 설명		
근거 2		
근거 2 설명		
예상되는 반론		
반론 꺾기		
마지막 강조할 내용		

민구

저는 토론만 하면 입이 딱 붙어 버려요.

유경

그럼 내가 토론에서 말하는 비법을 알려 줄까? 사실은 선생님께서 토론에서 말하기 기본이 담긴 말본이라는 표를 주셨어. 그래서 말하는 데 도움이 많이 됐어.

선생님

주장이나 근거를 찾아서 말하는 것과 토론 형식에 맞게 말하는 것은 차이가 있어. 유경이는 이제 토론을 잘할 수 있으니, 민구에게 주어도 되겠어.

유경

저도 처음엔 토론에서 예의와 격식을 갖춰서 말하는 것이 어려웠어요. 그래서 토론할 때마다 표에 적힌 그대로 말했어요. 그러다 보니 격식을 갖춰 제대로 말할 수 있게 되었어요.

민구

나도 그렇게 되면 좋겠다.

주장을 펼치고 근거를 제시하는 방법에 관해 익혔다면, 이제
는 주장을 말할 차례다. 토론에 임할 때의 말하기는 다음과 같
은 점에 유의하여야 한다.

① 상대방의 주장을 충분히 이해한다.
② 자신의 주장을 분명하게 제시한다.
③ 객관적이고 타당한 근거를 제시한다.
④ 남을 비꼬거나 경멸하는 말투는 삼간다.
⑤ 상대방과 내가 생각이 다르다는 것을 인정한다.

다음은 토론에서 말하기 기본을 담은 표다.

상 황	말하기 기본	방 법
의견 발표	– ~에 대해서는 ~라고 생각합니다. – ㅇㅇ와 생각이 다른데, 그것은 ~입니다.	– 자연스럽게 말하기 – 정확한 발음으로 천천히 말하기 – 알맞은 크기로 말하기
찬성 표시	– ㅇㅇ의 의견이 옳다고 생각합니다. 왜냐하면 ~이기 때문입니다. – ~하므로 ~에 대해서 찬성합니다.	– 찬성하는 이유를 분명히 말하기 – 모둠별로 다양한 표현의 말을 만들고, 서로 돌아가며 말해 보기

반대 의견	− ~은 ~와 관계가 있다고 생각합니다. − 좋은 의견이지만 제가 조사 한 바로는 ~라고 생각됩 니다.	− 내 의견에 반대하는 사람에게 감정 섞인 말 쓰지 않기 − 모둠별로 다양한 표현의 말을 만들고, 서로 돌아가며 말해 보 기
보충 설명	− 그것은 달리 말하면 ~라고 할 수도 있습니다. − ○○의 말에 보충해 보면 ~라고 생각합니다.	− 제재에 따라 다양한 표현의 말 을 만들고, 표현에 맞게 말해 보기 − 혼자서 → 짝끼리 → 모둠끼리
질문 제기	− ~에 대해서는 알겠는데 ~ 에 대해서는 다시 말씀해 주십시오. − 그렇다면 ~의 경우는 어떻 습니까? − ~에 대해 질문이 있는데 왜 그렇게 생각하는지 말씀 해 주십시오.	− 의문점이 많은 말의 사례를 듣 고 질문해 보기 − 말 꾸며 말하기
수정 의견	− ○○의 의견은 ~하지만 ~ 으로 생각하는 것이 어떨 까요? − ○○가 방금 설명한 것은 ~으로 고치면 어떨까요? − 그 이유는 ~하기 때문입 니다.	− 짝끼리 이야기한 내용을 발표 하기 − 말의 구성(문법)에 따라 사례 연 습을 하고 주제를 정해서 말해 보기

말하기 기본 표를 참고하여, 직접 말해 보자. 조금 더 재미있게 하기 위해서는, 두 사람이 한 사람인 것처럼 말을 이어서 하면 재미있다.

엄마 (의견 발표) 거실창에서 쓰레기를 버리는 범인을 잡기 위해, 거실이 들여다보이는 곳에 CCTV를 설치하는 건 옳지 않다고 생각합니다.

유경 (찬성 표시) 거실이 들여다보이는 곳에 CCTV를 설치하면, 사생활이 침해되기 때문입니다.

엄마 (반대 의견) 좋은 의견이지만, 그렇지 않으면 거실 창에서 쓰레기를 버리는 범인을 잡을 방법이 없다고 생각됩니다.

유경 (보충 설명) 거실이 들여다보이는 곳에 CCTV를 설치하면, 사생활이 침해되는 것뿐 아니라, 그 건물에 사는 사람들의 생활이 불편해지고, 집 값도 떨어질 것이라고 생각합니다.

엄마 (질문 제기) 그렇다면, 거실 창에서 쓰레기를 버리는 범인은 어떻게 잡을 수 있겠습니까?

유경 (수정 의견) 엄마, 그런데 사생활 침해 외에 다른 논리를 찾아야 할 것 같아!

이와 같은 말잇기로 토론을 이어가 보자.

토론자가 갖춰야 할 예의

유경

지난번에 엄마가 나오신 토론회에서 토론의 예의를 잘 모르는 참석자가 계셔서 보기 불편했어요.

민구

토론에도 예의가 필요해? 말만 잘하면 되는 거 아냐?

유경

토론에서도 지켜야 할 게 많은데, 상대 토론자 한 분이 우리 엄마가 젊어 보여서인지 말을 예의 없게 하시더라고.

선생님

사실 어른들 가운데 토론을 제대로 배운 사람이 많지 않아. 그때에는 학교에서도 토론을 중요하게 가르치지 않았거든.

민구

그래서 목소리 큰 사람이 이긴다는 말이 있는 거구나!

선생님

그렇지. 오늘은 토론의 예절에 대해 알아보자.

💡 토론에도 예의가 필요하다

우리 사회에는 다양한 가치가 존재한다. 그래서 내가 추구하는 가치와 다른 가치를 가진 사람을 볼 때면 마음이 불편해지기도 한다. 평소에도 그러한데, 내 생각과 다른 주장을 펼치는 사람들을 만나는 토론은 어떠할까.

많지 않은 TV 토론의 경험을 이야기해 보면, 어떤 토론회의 대기실은 상대 토론자와 웃으며 인사를 나누는 공간이지만, 또 다른 토론회의 대기실은 이미 토론장에 앉아 있는 것 같은 분위기를 풍긴다. 그런 경우 실제 토론장에서는 상대 토론자를 무시하는 듯한 어투로 말하거나, 상대 토론자의 발언을 끝까지 듣지 않고 중간에 치고 들어오거나, 중요한 내용도 아닌데 말꼬투리를 잡고 늘어지는 등 예의 없는 사람들로 인해 불편을 겪는 일이 벌어진다.

토론에서도 예의가 필요하다. 그렇다면 토론에서 갖춰야 할 예의는 무엇일까? 우선, 호칭부터 신경 써야 한다. 이 학교 저 학교 수업을 다녀 보면, 친구끼리도 존대어를 쓰는 곳이 있다. 이들은 생각을 말하거나 지우개를 빌릴 때 등 일상에서 자연스럽게 존대어를 주고받았다. 이들의 대화에서 인상 깊었던 것은 친구의 이름 뒤에 '님'을 붙이는 것이었다.

"영희 '님'은 어떻게 생각하세요?"
"철수 '님', 지우개 좀 빌려 주세요."

　평소에 친구를 존중하도록 교육받았다면 이미 토론을 위한 자세를 갖춘 아이들이다. 실제 토론에서도 '토론자 님' '김철수 님'과 같이 이름에 '님'을 붙여 부르는 것이 기본인데 간혹 상대의 이름에 '씨'를 붙여 부르는 토론자도 있어서 눈살을 찌푸리게 된다.

💡 토론에서 중요한 것은 '틀림'이 아니라 '다름'

　그래서 토론에서 갖춰야 할 가장 중요한 기본이 언어 예절이다. 사실 언어 예절은 둘 이상의 사람들이 마주하여 생각이나 감정을 주고받는 대화는 물론 상대를 설득하는 말하기에서도 빠져서는 안 되는 것이다. 언어 예절은 앞서 제시한 학생들의 사례와 같이 단순히 존대어를 사용하는 것만 말하지 않는다. 토론의 순서에 따라 질서 있게 말하는 것, 그리고 몸짓이나 표정과 같은 비언어적 측면 역시 언어 예절에 포함된다.

질서 있게 말하기란 무엇일까? 말 그대로, 질서 있게 이야기를 주고받는 훈련을 의미한다. 어떤 사람들은 여러 사람이 모인 자리에서 자기만 말하려고 한다. 상대의 이야기를 들어야 할 순간조차 자기가 할 말만 생각하다가 대화 내용과는 동떨어진 엉뚱한 소리를 하기도 한다. 혹 자기가 한 말에 대해 반박이 들어오면 분위기는 과열되고 고성으로 번진다. 이런 모습은 토론에 필요한 질서를 익히지 않았기 때문에 나타나는 현상이다.

토론은 나 혼자 하는 것이 아니다. 상대가 있어야만 진행되는 경기와 같다. 그러므로 발언을 혼자 독점하려 하지 말고 상대에게도 발언 기회를 동등하게 주어야 한다. 내가 말하고 싶은 것이 있더라도 상대를 위해 잠시 참아 주는 예의가 필요하다. 상대가 잘못 발음하였거나 실수한 말에 비웃거나 비난하지 않는 정중함도 필요하며, 나와 다른 의견을 가졌다고 해서 비난하거나 멀리하지 않아야 한다. 상대의 의견이 '틀림'이 아니라 내 생각과 '다름'을 인식하고 존중하는 태도를 잊지 않아야 한다.

엄마 중요한 건 '틀림'이 아니라 '다름'을 인식하는 거야.

민구 그건 나도 경험한 적 있어. 토론에서 친한 친구랑 생각이 달라서 다른 팀이 됐는데, 그날 그 친구랑 멀어졌어.

엄마 에고, 토론 수업으로 인해 친구와 멀어지다니. 사람마다 제각각 다른 얼굴을 하고 있듯, 우리는 모두 다른 생각을 하며 살지. 그래서 누구나 생각이 다를 수 있음을 이해해야 다툼이나 갈등이 없단다.

민구 그런데 다름을 인정한다는 게 쉽지 않더라고.

엄마 그렇지! 하지만 다름을 인정한다는 것은 사람을 존중할 줄 아는 사려 깊은 사람이라는 의미이기도 해. 엄마는 민구가 그런 사람으로 성장하면 좋겠어.

비언어적 측면에서도 예의를 갖추어야 한다. 비언어란 의사소통에 있어서 글이나 말과 같은 언어가 아니면서 의사소통의 수단이 되는 요소를 뜻한다. 가령 발표자의 어수선한 손짓이나 턱을 치켜드는 것 같은 행동은 자신의 주장으로 상대를 설득해야 하는 토론에서는 좋지 않은 비언어적 표현이다.

또한 토론자 가운데 틱장애와 같이 일정한 행동을 반복하는 사람들도 있는데, 이에 대해 지적하거나 비난하는 것도 삼가야 한다. 토론은 논제를 바탕으로 주장을 펼치고 상대를 설득하는 것이지, 개인의 행동을 지적하는 자리가 아님을 명확하게 인식해야 한다.

마지막으로, 자신의 언어 예절을 살펴보아야 한다. 비속어나 줄임말을 사용해서 상대 토론자의 기분을 상하게 하거나 내가 전달하고자 하는 뜻이 제대로 전달되지 않는 상황은 반드시 피해야 한다.

민구 엄마, '문상'이 무슨 뜻이게?

엄마 문화 상품권. 엄마도 그 정도는 알아들어.

민구 그럼 '복세편살'은?

엄마 그런 말도 있어?

민구 '복잡한 세상 편하게 살자'를 줄인 말이래.

엄마 너는 그런 말을 어디에서 배웠니?

민구 친구들이 알려 줬어. 그런데 우리도 줄여서 말하기는 하는데, 드라마나 유튜브에서 처음 듣는 말들도 있어. 어떤 드라마에서 봤는데, '김밥 하나, 떡볶이 하나'를 그대로 모두 말하면 언어 낭비라고 하면서 '김떡 하나씩'으로 줄여 말해야 한다고 하더라고.

엄마 언어 낭비? 하긴 옛날에도 회사 이름이 길면 줄여서 부르기도 했지. 하지만 그런 식의 말하기가 습관이 되면 중요한 때에 실수할 수도 있어. 그래서 주의해야 해.

학생들을 지도하다 보면 "알아요. 알아!"를 외칠 때가 더러 있다.

"저희도 토론 배워서 알아요."
"저희도 토론에서 말 줄이면 안 되는 거 알거든요."

이같이 규칙 등을 안다고 말하기도 하고, 아래와 같이 특정 주제에 관해서 안다고 말하기도 한다.

"환경에서 제일 중요한 건 쓰레기 문제라는 거 알아요."
"지속 가능한 발전이 되려면 전 세계가 노력해야 하는 거 알아요."

그러다 보니 어른들은 '아이들이 이 정도의 기본은 갖추었을 것'이라고 생각해 그 부분은 생략하고 다음으로 넘어갈 때가 더러 있다.
하지만 아이들과 이야기를 나눠 보면 수박 겉핥기로 아는 경우가 많으며, 심한 경우 수박의 색만 알고 겉이 매끈한지 거친

지도 모르면서 안다고 말하는 것을 경험한다. 그러므로 아이들이 안다고 외치더라도 돌다리도 두드리며 걷는 심정으로, '우리 함께 공부하자.' 하는 마음으로 기본부터 차근차근 지도하는 것이 좋다. 그렇지 않으면 실제 토론 과정에서 문제를 발견하고 이로 인한 갈등이 생기기도 한다.

또한 토론에서 부딪히는 다름의 문제가 실제 다툼으로 이어져 또 다른 갈등 요소를 만들기도 한다. 그렇다고 해서 지켜야 할 목록을 늘어놓고 한 번에 지키게 하면 토론이 더 어려워질 수 있다. 그러므로 오늘 지킬 내용 한 가지를 정해서 그것만은 확실하게 지키기로 약속을 정해 보자. 단번에 훌륭한 토론자가 될 수는 없다. 놀이를 하듯 하나하나 익히게 하면 내 아이는 어느새 예의를 갖춘 토론자가 되어 있을 것이다.

엄마 유경이도 토론을 잘하기 위해 한 가지씩 습관을 들이면 좋겠다!

유경 그럼 토론 예절부터 익혀야겠다. 예절이 있는지 없는지 판별하고, 그렇게 생각한 이유를 논리적으로 말하는 연습을 해 봐야겠어.

엄마 그거 좋은 방법이네. 그럼 지금부터 해 볼까?

유경 지금? 어떻게?

엄마 엄마가 글을 줄 테니 잘 읽고 이야기해 보렴.

사회자 '알파 걸, 남성을 넘어서는 여성'이라는 논제로 토론해 보겠습니다.

여 1 그래서 참, 위험한 말씀을 많이 하시는군요.

남 1 남자가 집에서 빨래하고 애기 보고 여성이 밖에서 일하는데 어떻게 스트레스를 안 받겠습니까?

여 2 과도기는 있겠죠!

여 1 그런데 왜 남자가 집에서 애 돌보고 빨래하면 스트레스 받죠? 답답합니다.

남 1 내가 생물학을 깊이 연구하지는 않았지만, 이렇게 정상적인 얘기를 하는 사람한테 답답하다고 얘기하는 사람들을 보면 제가 별나라에 온 거 같아요.

여 2 그런데 궁금한게요. 자녀가 어떻게 되세요?

남 1 대단히 죄송하지만 저는 아직까지 애가 없습니다.

여 2 진짜요? 그러니까 이러시는구나! 저는 토론자께서 제 아버지면 참 힘들겠다는 생각이 듭니다.

남 1 방금 말씀하신 것은 정말 옳지 못한 토론 태도예요. 남의 가정사를 들어서 '그래서 그렇구나!' 하는 태도 말이에요.

여 2 아! 개인적인 생각입니다.

남 1 정말 예의를 잃은 말입니다.

유경 우와! 이거 실제 토론이야?

엄마 네가 읽어도 놀랍지! 이 글은 실제 TV 토론에서 오갔던 내용이야. 토론에도 예의가 필요하다는 말이 무슨 뜻인지 알 것 같지?

유경 응. 우리 친구 중에도 저렇게 인신공격하는 애들이 있긴 한데, 우리는 토론을 제대로 배우지 않아서 그럴 수 있지만, 어른들은 달라야 하는 거 아냐?

엄마 엄마가 이전에, 어른들도 토론을 제대로 배운 사람이 많지 않다고 했잖니. 부끄럽지만, 그래서 생기는 문제라고 볼 수 있어.

유경 남성 토론자는 근거가 아니라 남성 우월주의라는 개인적인 편견으로 말하고 있어서 문제지만, 여성 토론자의 '저는 저분이 제 아버지면 참 힘들겠다는 생각이 들었습니다.' 이 말은 생각, 의견, 주장 중 그 무엇에도 해당이 안 되는 것 같아.

엄마 네가 봐도 토론이라고 하기엔 주제에서 너무 벗어났고, 논리도 없는 개인 생각을 밖으로 그냥 말하는 것 같지?

반박을 위한 배경지식 키우기

민구

유경이는 토론할 때 말을 잘하더라. 그리고 상대가 하는 주장과 근거에 대해서 어쩜 그렇게 반박을 잘하는지, 놀랐어.

난 그래서 정보검색도 많이 하지만 책도 많이 읽어.

유경

민구

나도 책은 많이 읽는데….

선생님

많이 읽는 것도 중요하지만 어떻게 읽느냐가 중요해. 그저 글자만 읽는 것과 글이 쓰인 시대와 글에 담긴 의미를 이해하며 읽는 것은 다르겠지! 그리고 그렇게 읽은 것을 자기 것으로 만들 수 있어야 해. 그렇게 해야 유경이처럼 필요할 때 자유롭게 꺼내 이야기할 수 있어.

민구

아! 그냥 읽는다고 되는 게 아니었구나!

토론에도 배경지식이 필요하다. 배경지식은 글을 이해하는 능력을 높이고, 생각을 글로 옮기는 능력을 풍부하게 만든다. 즉 배경지식은 책을 통해 간접경험이 되고, 그 간접경험은 생각을 통해 내 것이 되어 말과 글로 표현하는 능력을 길러 준다.

우리나라에서 열리는 토론 대회는 대개 '입론(주장 펼치기)-반론(교차 조사하기)-최종 반론(주장 다지기)'으로 진행된다. 그리고 토론 과정에서 참가자들이 보여 주는 논리성, 창의성, 사고력, 문제 해결력, 종합력, 토론의 기본예절과 규칙을 지키는 모습 등을 심사한다. 그 가운데 반론 과정이 가장 높은 배점을 차지하는데, 이는 상대의 주장에서 얼마나 논리적으로 허점을 지적해 내고 그 허점을 이용해 자기주장을 얼마나 잘 펼치는지가 토론의 핵심이기 때문이다.

① 평소 다양한 분야의 책을 읽고 신문이나 뉴스를 보며 우리 사회에서 펼쳐지고 있는 일들을 알아야 한다. 책, 신문, 뉴스에서 얻은 정보를 단순히 익히는 것이 아니라 옳고 그름 등에 대해 생각해 보자.

② 논제에 대한 철저한 준비가 필요하다. 논제가 미리 주어지는 경우가 많으므로 주어진 논제를 분석하는 것은 물론 폭넓은 독서와 정보검색 활동, 주변 사람들과의 의견 교환 등 다양

한 방법으로 자신의 주장을 지지할 수 있는 이유(논거)와 사례들을 준비한다.

③ 토론은 논제에 대해 찬성 측과 반대 측으로 나누어 서로를 설득하는 과정이다. 그러므로 미리 '반론 카드'를 만들어 보는 것도 도움이 된다. 내 입장만이 아니라 양쪽의 입장에서 쟁점별로 예상되는 반론과 그에 대한 반박 내용을 정리해 보자. 토론 대회에서 우수한 성적을 거두는 팀들은 입론뿐만 아니라 반론 과정도 미리 준비해 오는 경우가 많다.

위의 사례를 앞에서 다루었던 '대중문화 예술인을 위한 군 대체 복무 제도를 마련해야 한다.'를 논제로 하여 다음과 같이 정리할 수 있다.

논제	대중문화 예술인을 위한 군 대체 복무 제도를 마련해야 한다.
논제의 핵심 키워드	대체 복무제 : 징병제를 실시하고 있는 나라에서 군 복무 대신 해당 기간 중 기간산업 육성이나 기타 공익 목적을 위해 근무하도록 하는 제도를 말한다.

논제의 선정 배경	최근 국방부의 군 대체 복무 제도 개선 방안 발표와 대중문화 예술인의 대표 격으로 언급되는 BTS의 전 세계적인 인기가 맞물려 'BTS와 같은 대중문화 예술인에게도 대체 복무를 허용해야 하는가?'에 대한 찬성과 반대 의견이 팽팽히 맞서고 있다. 사회에서 뜨겁게 논의되고 있는 논제에 관해 논증해 보는 경험은 향후 민주 시민으로서 사회적 문제에 적극적으로 참여하는 태도를 길러 준다. 특히 이 논제는 연예계에 관심이 많은 초등 고학년 학생의 관심사, 먼 미래이지만 국방의무를 다해야 할 남학생의 관심사, BTS를 비롯한 '최애 연예인'의 군 입대 일정에 대한 여학생의 관심사를 모두 충족한다. 따라서, 실제적인 사회의 문제를 다루어 다소 어려울 수는 있겠으나, 논증을 통한 사회참여의 비교적 수월한 첫걸음이 될 것이다.
논제의 핵심 쟁점	❶ **제도 도입의 문제점** : 문화예술인 대체 복무제 마련은 저출산으로 인한 병역 자원 확보의 어려움과 남북 분단의 국가적 상황에 치명적인 영향을 미치는가? ❷ **제도 도입의 유익성** : 문화예술인 대체 복무제 마련은 인적 자원의 효율적인 배치와 활용을 통한 국가 경쟁력 제고와 국위 선양에 큰 도움이 되는가? ❸ **제도 도입의 공정성과 형평성** : 문화예술인 대체 복무제 마련은 공정성과 형평성을 충족할 수 있는가?(여기서 말하는 '공정성'과 '형평성'은 일반인과 대중문화 예술인, 고전문화 예술인과 대중문화 예술인 사이의 공정성과 형평성, 대중문화 예술의 우수성 판단의 기준이 된다.)

행복한 토론
-부모와 함께 읽는 토론 사례 🖉

부모와 함께 하는 토론은 다양하고 풍부한 경험과 지식이 전수되고, 학교에서 배운 것을 일상에서 이해하고 나누게 한다. 부모와 함께 토론을 한 사례를 기사로 만나 보자.

유대인은 전 세계 인구 대비 약 0.2%로 남한의 25% 수준이다. 그런데 노벨상은 지금까지 20~30%를 가져갔다. 이 기준으로만 하면 100~150배의 교육 효과다. 이뿐인가. 미국 대학의 꽃 아이비리그에서 유대인 학생 수는 25%에 이른다. 1950년대 하버드 대학교는 유대인 학생 수가 50%에 달해 입학 사정 방법을 바꿔야 했다.

그럼 이 놀라운 유대인 교육 효과는 어디서 비롯되었을까? 유대인 교육 전문가들은 아이덴티티 교육, 부모가 선생님이 되는 교육, 토론 교육의 영향으로 본다.

이 중 태어나면서부터 '다른 시각'이 존재할 수 있음을 배우는 토론 교육은, 학교에서 돌아온 자녀에게 '오늘 학교에서 뭘 질문했니?'를 묻는 것으로 시작하여 밥상머리 토론으로 이어진다.

〈신나는미디어신문〉

"식사 시간을 통해 약속과 시간의 소중함을 깨달을 수 있었다. 식사 시간은 언제나 토론을 배우는 시간이었다."

미국의 전 대통령 케네디의 말이다. 케네디 가(家) 형제들이 미국을 이끌어 가는 훌륭한 정치인의 자질을 갖게 된 것은 식탁에서부터였다. 어린 케네디가 노는 데 정신이 팔려 식사 시간을 놓치면 그 부모님은 절대로 밥상을 다시 차려 주지 않았다. 시간 약속을 어긴 벌이었다. 저녁 식사 자리에서는 〈뉴욕 타임스〉 등에서 어머니가 미리 읽어 둔 기사 내용을 말해 주고 자녀의 의견을 묻곤 했다. 남의 말을 경청하고 의견을 제시하는 토론 능력을 키워 주기 위해서다. 이는 케네디가 자라서 대통령이 될 수 있었던 원동력이었다고 할 수 있다.

주미 한국인 고(故) 고광림 박사와 전혜성 박사의 자녀들도 같은 경우다. 매일 아침 6시 30분에 여섯 남매가 함께 식사를 했으며, 저녁이면 온 가족이 둘러앉아 책과 씨름하거나 토론을 했다. 이러한 시간은 토론 학습이 추구하는 궁극적인 목표인 '가치 탐구 능력 신장'과 더불어 다양한 분야에 대한 인식의 터전을 닦게 되는 자연스러운 시간이 되었다.

〈신나는미디어신문〉

☞ 여러분도 오늘부터 가족과 함께 신문에 실린 기사로 이야기를 나눠 보자.

2부
토론 배틀
광장

"토론나라의 민구와 유경, 침묵나라의 고요, 잠잠, 조용, 그리고 이들의 이웃나라인 참견나라의 간섭, 참가, 간여 등이 참여한 토론 배틀이 지금부터 시작된다. 토론나라에 지원 사격을 나선 동화나라의 깜짝 패널들과 함께 그 토론의 현장으로 들어가 보자!"

Round 1

시끌벅적 난상 토론

동화나라의 첫 번째 패널로 '허수아비'가 등장한다. 뇌는 없지만 지혜와 현명함을 지닌 캐릭터로 활약할 예정이다.

이론

하나하나, 세세하게 듣는 시간

민구
유경! 여긴 '난상 토론의 방'이라고 되어 있어. 난상 토론이 뭐야?

유경
'난상공론' '난상공의' '난상토의' 등으로 불리는 난상 토론은 한자 '무르익을 란(爛)'과 '헤아릴 상(商)'으로 이루어진 단어야. 여러 사람이 모여 어떤 사안에 대해 낱낱이 토의한다는 뜻을 가진 토론 방법이야. 일정한 형식은 없고, 대화를 주고받으며 자신의 생각을 말하는 식으로 진행되지.

민구   유경은 토론에 대해서는 척척박사구나!

유경   헤헤. 내가 토론은 좀 잘 알지. 난상 토론 이야기를 계속 해 보자. 난상 토론은 특별한 형식이 없기에 편안하게 진행할 수 있다는 장점이 있어. 그래서 가족끼리, 친구끼리, 또는 학교나 회사에서 두루두루 많이 쓰이는 토론 방식이기도 해.

민구   나도 TV에서 많이 봤어.

유경   그런데 난상 토론은 형식이 없어서 자칫 산만해질 수 있다는 단점이 있어. 토론자들이 일정한 순서 없이 자기 생각을 말하다 보니 초점이 하나로 모이지 않고 하고 싶은 말만 하는 토론이 되기 쉽다는 거야. 즉 토론 아닌 토론이 되고 말지.

민구   정말 그렇겠다. 편안하다는 장점은 좋은데, 산만한 건 딱 싫거든!

유경   난상 토론이 제대로 이루어지기 위해서는 진행자도 토론자도 상대의 말에 귀를 기울여야 하고, 토론이 지금 어느 방향으로 흘러가는지, 이 시점에서 나는 토론자로서 어떤 이야기를 해야 할지 생각하고 또 생각해야 해. 그리고 중요한 것은 반박이 아니라, 나의 주장과 그에 대한 근거나 대안을 조리 있게 말하는 거야.

민구   하긴! 발언 순서가 정해져 있지 않으면 서로 말하지 않으려 하거나, 서로 자기가 먼저 말하겠다고 할 수 있으니 타이밍을 잘 맞춰야겠다!

허수아비   안녕? 난 허수아비야.

민구   어? 《오즈의 마법사》에 나오는 뇌 없는 그 허수아비?

허수아비   맞아. 하지만 지금의 난, 뇌가 있어. 오즈를 찾아가는 모험을 하는 동안 내게도 뇌가 생겼지. 사실 처음부터 생각할 수 있었고, 남들보다 더 현명하게 판단할 수 있었는데, 난 그걸 몰랐어.

민구   오늘 허수아비의 활약 기대할게.

토론 순서	
사회자	논제 발표
토론자	손을 들어 발언 의사를 표시하고, 사회자의 지목을 받아 발언권을 얻은 후 발언한다.
사회자	토론의 내용을 정리하며, 논제에 관한 질문을 덧붙여 가며 진행한다.

토론자	자신의 발언을 토대로 생각을 덧붙이거나 근거를 추가하는 발언을 한다.
사회자	토론의 내용을 정리하여 발표한다.

허수아비　　내가 여기 오기 전에 조금 알아봤는데, 이번 난상 토론의 논제는 '생일 파티 문화, 이대로 좋은가?' 더군. 그래서 토론을 위해 몇 가지 자료를 준비했어. 토론에서 이기려면 아는 것이 많아야 하거든. 하나는, 생일 파티를 주제로 하는 성장 소설《초대 받은 아이들》의 줄거리야. 다른 것은, 생일 파티에 관한 신문 기사야. 이 자료들을 살펴보고, 토론에서 어떤 주장을 펼칠지 구체적으로 생각해 보자.

초대 받은 아이들 (황선미 지음, 웅진주니어)

누구나 한 번쯤 어릴 적 친구의 생일 파티 초대를 두고 느꼈던 기대, 설렘, 실망, 속상함 등의 감정을 다룬 성장 소설이다. 주인공 민서는 좋아하는 반장 성모의 생일인 9월 20일만을 손꼽아 기다린다. 하지만 이게 웬걸, 다른 친구들이 초대장을 다 받을 때까지도 민서는 초대장은커녕 아무런 소식도 듣지 못한다.

그러다 당일에, 반듯하고 예쁜 초대장을 받는다. 당연히 성모가 건넸을 거라 믿은 민서는 초대장에 적힌 장소로 향하고, 그곳에서 성모의 생일 파티와 함께 저편에서 한껏 꾸민 엄마를 발견한다. 그날은 성모의 생일이지만, 엄마의 생일이기도 했던 것이다. 엄마는 민서가 가지고 온 선물을 성모에게 전달하라 했고, 민서는 얼떨결에 성모에게 선물을 건넨다. 선물을 받은 성모는 옆 친구들과 함께 민서의 선물을 거칠게 뜯으며 이리저리 구경하듯 살펴본다. 그런 성모의 태도와 행동에 민서는 무척이나 마음이 상했다. 나중에 알고 보니 성모는 친구들에게 자신이 원하는 생일 선물을 지정해 주고선 가져오라고 했다고 한다.

'요즘 초등학생 생일 파티 풍경'

예전의 생일 파티는 친구들 몇 명을 집으로 불러 과자와 떡볶이를 먹고, 저녁이 늦도록 동네를 뛰어다니며 놀았다. 하지만 세월이 흘러 그 문화도 달라지고 있다. 한 반 친구 모두를 초대하는 것은 기본이고, 생일 파티 장소도 집이 아니라 패스트푸드점이나 노래방 등에 따로 마련된 '어린이 생일 파티장'을 이용한다. 심지어 이벤트 업체까지 동원된다.

박씨는 "최근 아이가 생일 파티 초대장을 받아 왔는데, 그 장소가 가격이 비싼 패밀리 레스토랑이었다."면서 "패밀리 레스토랑이나 뷔페 등에서 파티를 열 형편이 안 되는 학생들은 초대에 쉽게 응하지 못해 위화감이 조성되는 것은 물론 '왕따' 현상까지 우려된다."고 덧붙였다.

또 10대들 사이에서 친구들의 생일 선물을 돈으로 주는 문화도 확산되고 있다. 학생들은 어차피 생일 선물을 사는 데 드는 돈과 현금 선물이 비슷한 금액이고, 친구들에게 받은 돈으로 원하는 것을 살 수 있으니 '실속 있는 선물'이라는 입장이다. 하지만 "별로 친하지 않은 친구가 생일이라면서 선물로 돈을 달라고 해서 줬는데, 억지로 뺏기는 것 같아 기분이 좋지 않았다."는 학생도 있어 또 다른 문제를 낳고 있다.

생일의 진정한 의미와 올바른 생일 파티 문화를 다시 한번 생각해 봐야 할 것이다.

〈신나는미디어신문〉

민구	자료들을 보니 어떤 주장을 펼쳐야 할지 감이 와.
허수아비	토론을 위해서는 논제로 다뤄지는 것에 대한 정보를 모아야 해. 이걸 배경지식이라고 하지. 하지만 구슬이 서 말이라도 꿰어야 보배가 되는 거 알지? 알고 있는 것들을 잘 정리해서 하나로 엮어 봐.
민구	와! 허수아비는 뇌는 없지만 지식이 많고 지혜도 많은 것 같아! 정말 대단해.
허수아비	응. 오즈의 나라를 다녀오면서 많은 변화가 생겼지. 민구도 자신을 믿어 봐. 그럼 그대로 이루어질 거야! 자, 그럼 토론장으로 가 보자.

생일 파티 문화, 이대로 좋은가?

| 진행자 | 자, 그럼 지금부터 '생일 파티 문화, 이대로 좋은가?'를 논제로 난상 토론을 시작하겠습니다. 생일 파티 문화가 계속 변화하고 있습니다. 생일 파티를 어떻게 하는 것이 좋은지 이야기 나눠 보도록 하겠습니다. 토론나라의 민구 씨와 허수아비 |

씨, 그리고 침묵나라의 잠잠 씨와 고요 씨가 참석
해 주셨습니다. 우선 생일 선물에 대한 이야기부
터 나눠 주시기 바랍니다.

민구 《초대 받은 아이들》에 등장하는 성모처럼 친구들
에게 생일 선물을 지정해 주는 행동은 옳지 않다
고 생각합니다. 왜냐하면 친구들에게 무리한 선
물을 요구하면 선물을 주지 못하는 친구와는 거
리가 멀어질 수 있으며, 친구의 마음과 정성이 담
긴 가치 있는 선물을 받지 못할 수도 있기 때문
입니다.

잠잠 생일 선물을 지정해 주지 않으면 필요 없는 것을
받을 수 있고, 그런 이유로 기분이 좋지 않을 수
도 있습니다. 그러므로 선물을 정해 주는 것이 더
경제적일 수 있습니다.

허수아비 오 헨리의 단편소설 《크리스마스 선물》에는 부인
의 긴 머리카락에 어울리는 머리빗을 산 남편과
남편의 백금 시곗줄을 산 가난한 부부의 이야기
가 나옵니다. 비록 상대의 선물을 사느라 아내는
긴 머리카락을 잘랐고, 남편은 시곗줄이 낡은 시
계를 팔았지만 서로의 마음을 알고 어떤 부부보

다 행복한 시간을 보냈다고 나옵니다. 선물은 무엇을 받느냐보다 그 선물에 담긴 마음이 더 중요하다고 봅니다.

잠잠 생일인 사람이 그날의 주인공이니 사는 사람의 마음은 중요하지 않습니다. 생일을 맞은 사람이 기뻐할 수 있는 선물이라야 의미가 있습니다.

민구 선물에서 경제성을 따지는 것도 말이 안 되지만, 지금의 말씀은 경제적인 선물을 준비하는 친구의 입장이 아니라 선물을 받는 사람의 입장에서 하신 것 같군요! 선물은 받는 사람의 마음도 중요하지만 준비하는 사람의 마음이 더 중요하다고 생각합니다.

허수아비 자신의 탄생을 축하 받는 것은 좋지만, 도를 넘는 요구는 축하가 아니라 강제로 뺏는 것과 같습니다. 요즘은 생일 선물을 빙자해 돈을 가져오게 하거나, 원하는 물건을 가져오라고 하는 나쁜 친구들도 생겼습니다. 생일 선물에서 경제성을 따지는 것은 옳지 않다고 봅니다.

진행자 예, 생일 선물에 대한 여러 가지 생각을 들어 보았습니다. 이번에는 많은 문제를 생산하는 생일 파티 장소에 대해 이야기 나눠 주시기 바랍니다.

민구 생일 파티를 값비싼 패밀리 레스토랑 등에서 하는 것은 위화감을 줄 수 있기 때문에 좋지 않습니다. 초대 받은 친구는 식사 값만큼의 선물을 준비해야 하는 부담과, 다음에 자신도 이런 곳에서 생일 파티를 해야 한다는 부담을 느낍니다. 그러면 초대를 받아도 가지 못할 수 있습니다.

잠잠 생일 파티는 일 년에 한 번 있습니다. 이런 날을 좋은 곳에서 보내고 싶은 것은 당연합니다. 생일 파티 장소가 비싸고 아니고는 중요한 문제가 아닙니다.

허수아비 태어난 것에 대해 축하를 받는 데 꼭 값비싼 패밀리 레스토랑일 필요는 없습니다. 좋은 곳을 원하는 아이들의 마음은 이해하지만, 생일 하루를 위해 어마어마한 비용을 쓰고 그 비용만큼 선물로 뽑겠다는 생각은 현명하지도 경제적이지도 않습니다. 친구들과 간단히 식사하고, 놀이터나 운동장에서 즐겁게 뛰어 노는 것이 행복하고 즐거운 생일로 기억될 것입니다.

진행자 예. 두 나라의 토론 잘 들었습니다. 난상 토론에서 승패를 가리기는 어렵지만, 토론나라와 침묵 나라의 대결이라는 점에서 승패를 결정하도록 하겠습니다. 이번 난상 토론에서는 근거나 대안 을 적절히 제시했던 토론나라가 우승했습니다.

민구　허수아비 덕분에 이겼어요.

유경　너희가 이길 줄 알았어. 그럼, 다음 토론장으로 이동하자.

토론이 즐거운 유경의 토론 in 이야기

예능 프로그램 〈1박 2일〉의 난상 토론

　2011년 뜨거운 태양이 내리쬐던 6월, 진도 관매도로 떠난 〈1박 2일〉에서 복불복 게임 도중 '동물의 왕은 누구냐?'를 두고 난상 토론이 벌어졌다. 살짝 엉뚱한 그들의 난상 토론을 들어 보자.

은지원　　동물의 왕은 사자지. KBS 〈동물의 왕국〉에서 사자가 달리잖아.

강호동　　동물의 왕은 사실 호랑이야. 사자랑 싸우면 호랑이가 이겨.

김종민　　그건 나이마다 다르지 않아요?

이수근　　아, 연령대를 맞춰 줘야죠.

은지원　　에이, 사자가 이기지. 사자는 왕의 포스가 있잖아요. 호랑이는 왕의 느낌이 아니죠.

강호동　　너, 왕호 아냐? 백두산 호랑이 얼굴에 있는 王(왕)

자. 앞발 힘이 1톤은 넘는데.

김종민 전쟁으로 하면 달라요. 전쟁으로 하면 사자는 몰려다니니까.

강호동 1 대 1로 싸워야지.

은지원 사자가 뭘 몰려다녀. 그건 암컷이 그렇지.

김종민 전쟁으로 봐야지.

강호동 이 세상 호랑이랑 이 세상 사자랑 싹 다 불러 모아서 떼싸움을 하자는 거야?

은지원 사자와 호랑이의 덩치가 다른데. 덩치 큰 사자가 때리는 게 더 아프죠.

엄태웅 아니야. 시베리안 호랑이가 제일 커.

이수근 둘이 싸울 때 컨디션 좋은 놈이 이길 거예요. 큰 걸로 하면 코끼리도 안 지죠. 코끼리가 밟으면 호랑이도 사자도 안 되죠.

엄태웅 그렇게 따지면 사람인데.

강호동 그렇네! 그럼 동물의 왕은 사람이네.

좀 엉뚱한 난상 토론이었다. 평소에도 이렇게 재미있게 연습하면 토론을 쉽게 익힐 수 있다.

Round 2

둥글게 둥글게 원탁 토론

동화나라의 두 번째 패널로 '박사 난쟁이'가 등장한다. 키는 매우 작지만 토론에 대한 열정과 패기가 넘치는 캐릭터로 활약할 예정이다.

이론

서로의 생각을 들어 보는 이상적인 자리 배치

민구   이번에 하게 될 토론은 뭐야?

유경   원탁 토론.

민구   원탁 토론? 혹시 동그란 탁자에 앉아서 하는 그
　　　　거 말하는 거야?

유경   맞아. 이 토론은 알고 있나 봐?

민구   응. 영국 작품 〈원탁의 기사〉에서 동그란 책상에
　　　　앉아서 토의하는 거 봤어.

유경	그 이야기는 전설이고, 최초의 원탁회의는 아일랜드 자치 문제로 1887년에 개최된 회의였어.
민구	그런데 여기는 동그란 책상이 없잖아.
유경	원탁 토론이라고 해서 꼭 동그란 탁자에 앉아서 해야만 하는 건 아니야. 네모난 탁자에서도 가능하고, 세모난 탁자에서도 가능해. 원탁 토론은 탁자의 모양이 중요한 게 아니라 서로의 얼굴을 볼 수 있도록 빙 둘러앉는다는 게 중요해. 사실, 원탁이란 말은 서로서로 협조하자는 정신에서 붙여진 이름이지, 탁자 모양 때문에 붙여진 이름은 아니야.
민구	아!
박사 난쟁이	안녕? 난 박사 난쟁이야.
민구	깜짝이야. 소리는 나는데 사람이 안 보여서 놀랐네!
박사 난쟁이	내가 그렇게 작다고? 말도 안 되는 소리 하지 마.
민구	아니, 난 그냥…. 그나저나 이번 토론은 박사 난쟁이와 함께 하는 건가 봐?
박사 난쟁이	응. 내가 함께 할 거야. 난 키는 작아도 토론에 대한 열정만큼은 누구보다 크거든.

유경 다시 원탁 토론 이야기를 이어서 해 보자.

민구 동그랗게 앉으면 누구부터 이야기하는 거야?

유경 원탁 토론은 참여자 간의 서열을 구분하지 않고 모두에게 동등한 지위를 주기 때문에 자유롭게 말할 수 있어. 딱히 순서가 정해져 있지 않아. 그리고 모두가 동등하기에 발언의 시간과 횟수도 똑같이 돌아가. 하지만 매끄러운 진행을 위해 시계 방향 또는 반시계 방향 등의 순서로 정하기도 하지.

민구 그럼 토론의 논제는 미리 알려 주는 거야?

유경 대개 논의될 주제가 미리 선정되지만, 어떤 주제로 토론할지를 토론을 통해서 정하는 경우도 있어. 그리고 일반 토론과 달리, 반대 심문이나 즉석에 묻고 바로 답하는 방식으로는 하지 않아. 만약 누군가에게 반대 심문을 하고 싶다면 자기 발언 차례가 되었을 때 주어진 시간 안에 자기의 생각과 질문을 말하면 되는 거야.

토론 순서		
자기 소개 (30 초)	− 돌아가며 자기소개(이름 　정도) − 찬반에 대해 짧게 말할 수 　있음	"저는 찬성 측의 ○○ 토론자 입니다."
1차 발언 (2분)	− 입론에 해당함 − 차례대로 돌아가며 주장과 　근거를 말함	"저는 ～에 대해 ～라고 생각 합니다. 왜냐하면 ～이기 때문 입니다. 이상입니다."
2차 발언 (2분)	− 1차 발언에서 제시한 근거 　에 관해 주장과 반박을 진 　행 − 주어진 시간 안에 주장만 　추가해서 말하거나 반박만 　할 수도 있고, 시간을 배분 　하여 주장과 반박을 할 수 　도 있음 − 반박·질문은 1인 이상에 　게 할 수 있으나 대개 1인 　에게 구체적으로 함 − 반박·질문을 받으면 정리 　하여 메모하고, 견해는 3차 　발언에서 밝힘	"1차에서 제가 제시한 근거를 보충 설명하겠습니다. ～은 ～ 을 이유로 옳다고 생각합니다. 이상입니다." "1차 발언에서 ○○○ 토론자 께서 ～ 주장을 하셨는데 저는 그 주장의 근거에 대하여 ～을 이유로 옳지 않다고 생각합니 다. 이상입니다." "○○○ 토론자께서 ～ 주장을 하셨는데, ～ 문제는 어떻게 해 결할지 묻고 싶습니다. 이상입 니다."
3차 발언 (2분)	− 2차 발언에 이어 주장을 추 　가하거나 반박에 대한 재 　반론 또는 새로운 반박을 　할 수 있음 − 반박에 대해 재반론을 할 　수도 있고 무시할 수도 있 　으나, 모두 무시하면 좋은 　평가를 받을 수 없기도 함	"○○○ 토론자께서 ～에 대해 질 문하셨는데, ～ 한 점에서 답변 이 되었으리라 봅니다. 이상입 니다."
정리 발언 (1분)	− 자신의 입장을 최종적으로 　정리 발언함	"저는 앞서 주장한 ～을 근거 로 ～해야 한다고 생각합니다."

민구   원탁 토론도 쉽지는 않구나. 자유 토론이라고 해
            서 아무렇게나 하면 되는 줄 알았지.

박사 난쟁이   그럼 내가 가져온 자료들을 먼저 보고 원탁 토론
            을 연습해 보자. 이번 토론의 주제가 '외모가 예
            쁘면 마음도 예쁘다.'라고 해서 여기에 맞는 '양
            성평등'에 대한 자료를 가지고 왔어. 하나는 책
            《어린이를 위한 양성평등 이야기》이고, 또 다른
            하나는 신문 기사야. 자료들을 살펴보고, 토론에
            서 어떤 주장을 펼칠지 구체적으로 생각해 보자.

어린이를 위한 양성평등 이야기 (이해진·김영호 지음, 파라주니어)

이 책은 어린이의 눈높이에 맞게 소설과 같은 상황 전개를 바탕으로 이론적 설명을
덧붙여 양성평등을 이야기한다. 우리 사회의 주인공으로 활약할 어린이들이 저마
다 다른 재능과 개성을 발휘하는 데 방해되는 성차별적 인식과 사회현상을 살펴보
고, 어린이들이 여자와 남자라는 틀에서 벗어나 재능을 맘껏 발휘하도록 돕는다. 그
리고 어린이들이 양성평등의 사회에서 개성과 재능을 살려 멋지게 꿈을 이루기를
응원한다.

민구   양성평등이 정확히 뭐야?

박사 난쟁이   사람이 살아가는 모든 영역에서 남자와 여자를

서로 차별하지 않고 동등하게 대우하여, 똑같은 참여 기회가 주어지고, 똑같은 권리와 이익을 누릴 수 있는 것을 말해.

'남녀평등 의식 북돋워'

《백설공주》, 《잠자는 숲속의 미녀》, 《신데렐라》는 여자아이라면 한 번쯤 푹 빠졌을 동화다. 부자 왕자를 만나 행복하게 살게 된 공주 이야기들로 여기서 남자는 구원의 주체이고, 여자는 남자로 인해 비로소 해방된다는 줄거리다. 성역할의 고착화는 이렇게 자연스럽게 진행됐다.

성역할에 대한 고정관념은 남자아이에게도 적용된다. '남자답게'라는 이미지 때문에 슬퍼도 눈물을 보일 수 없다. 남녀의 전통적인 경계가 모호해지고 있지만, 우리 사회를 둘러싼 성역할의 공고한 성은 무너질 생각을 하지 않는다. 이러한 사회적 분위기가 양성평등지수를 세계 최하위권에 머무르게 하고 있다.

여자라서 또는 남자라서 겪는 어려움, 부끄러움, 한계, 차별을 최대한 줄이려는 것이 양성평등이다.

〈신나는미디어신문〉

민구　　　나도 '남자가~'로 시작하는 얘기는 듣기 싫어. 남자도 아플 수 있고 참기 힘든 일도 있는데, 여자애들은 '남자가~'라며 그것도 못 참느냐고 할 때 정말 기분이 나빠.

박사 난쟁이　맞아. 난 남자가 뭐 그렇게 작으냐고 무시할 때가 정말 화나.

유경   너희, 양성평등에 대해 할 말이 많구나. 그럼 제
           대로 연습해 볼까?

민구   저는 '남자가~'라며 남자들을 다르게 보는 시선
           은 사라져야 한다고 생각합니다. 왜냐하면 남자
           는 여자와 생김새가 다를 뿐이지 다른 능력을 가
           진 게 아니기 때문입니다. 남자와 여자의 생김새
           가 다르다는 건 알겠지만, 그렇다고 '남자는 이래
           야 한다 저래야 한다.'며 차별하는 건 평등하지
           못합니다.

박사 난쟁이 저도 '남자는 키가 커야 하고, 몸에 왕(王) 자 모양
           의 복근이 있어야 멋있다.'는 편견은 바뀌어야 한
           다고 생각합니다. 왜냐하면 사람이 지닌 멋은 복
           근과 키만으로 평가할 수 없기 때문입니다.

유경   전 남자와 여자의 차이를 인정하는 것부터가 양
           성평등의 시작이라고 생각합니다. 어떤 남자들은
           "여자가 양성평등을 말하려면 힘쓰는 것부터 남
           자한테 미루지 말아야 한다."고 말합니다. 그런데
           힘이 센 여자가 미룬다면 문제가 있겠지만 대부
           분의 여자들은 힘이 세지 않기 때문에 그럴 수밖

에 없다는 것을 이해하고 배려해야 합니다. 무조건 똑같이 하는 것은 평등이 아니라고 생각합니다. 어때, 민구도 원탁 토론 잘할 수 있겠지?

민구 응. 실제 토론에 들어가면 어떨지 모르겠지만, 지금은 잘할 수 있을 것 같아.

박사 난쟁이 자, 그럼 토론장으로 들어가 볼까?

외모가 예쁘면 마음도 예쁘다

진행자 자, 그럼 지금부터 '외모가 예쁘면 마음도 착하다.'라는 주제로 원탁 토론을 시작하겠습니다. 오늘 토론을 위해 토론나라의 민구 씨와 박사 난쟁이 씨, 그리고 침묵나라의 정적 씨와 잠잠 씨가 참석해 주셨습니다. 아시겠지만 원탁 토론은 대체로 발언 순서를 정하지 않지만 침묵나라와 토론나라의 대결인 만큼 앉아 있는 자리에서 시계 방향 또는 반시계 방향으로 발언을 하도록 하겠습니다. 그럼 1차 토론을 하겠습니다. 주어진 논제를 잘 듣고, 시계 방향 순서대로 토론나라의 박사 난쟁이부터 말씀해 주세요.

박사 난쟁이 저는 외모와 마음은 관계가 없다고 생각합니다. 논제대로라면 예쁜 사람은 모두 마음이 예쁘다는 얘기인데, 세상에는 그런 사람도 있지만 그렇지 않은 사람도 있기 때문입니다. 이 말은 외모 지상주의를 대변하는 말인 듯합니다. 예쁜 사람이 착한 일을 하면 "예쁜 사람이 마음까지 곱구나!"하면서, 못생긴 사람이 착한 일을 하면 "착하기라도 해야지!"라는 반응을 보이는 것은 생김새에 따라 사람을 평가하는 것으로, 잘못된 평가입니다. 그러므로 외모가 예쁘다고 마음도 착하다고 단정하는 건 잘못이라고 생각합니다.

정적 저는 외모가 예쁘면 당연히 마음도 예쁘다고 생각합니다. 지금까지 예쁜 사람이 친절하지 않은 예를 본 적이 없습니다.

잠잠 어른들 말씀에 '얼굴값 한다.'가 있습니다. 이 말은 사람의 얼굴엔 그 사람의 인품 등 여러 가지가 들어 있다는 뜻입니다. 결국 얼굴이 예쁘다는 것은 예쁜 마음을 가졌다는 뜻이 되는 것입니다. 언제나 예외는 있겠지만, 확률상 예쁘고 잘생긴 사람이 착할 가능성이 더 높다고 생각합니다.

민구   저는 얼굴과 사람의 성격을 연결해 생각하는 것
은 잘못된 판단이라고 생각합니다. 세상에는 예
쁘면서 착한 사람도 있고, 예쁘지 않지만 착한 사
람이 있는가 하면, 예쁜데 착하지 않은 사람도 있
습니다. 예쁜 외모가 자신만의 무기가 될 수 있을
지 모르겠지만, 예쁘다는 이유로 착하다고 보는
것은 지나친 일반화(개별적인 것이나 특수한 것이 일반적인
것이 되게 함)라고 생각합니다.

진행자   자, 이렇게 1차 발언을 마쳤습니다. 2차 발언에
서는 자신의 발언을 보충하거나 질의를 하실 수
있습니다. 주어진 시간은 1차와 같으며, 이번에
는 반시계 방향으로 발언을 하도록 하겠습니다.

민구   여러분은 테레사 수녀님을 알고 계신가요? 비록
미녀는 아니지만 가난하고 어려운 사람들을 돕
기 위해 평생을 바치신 분입니다. 누가 보더라도
남을 배려하는 착한 마음을 가진 분이라 평할 것
입니다. 이분만 하더라도 외모와 마음씨는 달리
생각해야 함을 알 수 있습니다. 그리고 잠잠 님께
질문이 있습니다. 확률상 예쁘고 잘생긴 사람이

착할 가능성이 높다고 하셨는데, 어떤 근거로 그렇게 말씀하신 것인지요?

잠잠 저는 미스코리아나 오드리 헵번과 같이 예쁜 사람이 착한 일을 많이 한 예를 들어 제 주장을 보충하려 합니다. 예쁜 사람들이 좋은 일에 더 많이 나섰던 것은 이미 알려진 일입니다. 그러니 외모와 마음이 별개라는 이야기는 못 하실 것입니다. 그리고 박사 난쟁이 님에게 질문하겠습니다. 백설공주와 함께 사셨는데요. 백설공주는 마음이 착하기로 정평이 나 있는 인물입니다. 그럼 외모가 예쁘면 마음도 착하다는 말에 해당되는 예라고 볼 수 있지 않나요?

박사 난쟁이 우선 잠잠 님의 질문에 답부터 하겠습니다. 백설공주는 착하지만, 다른 예로 그의 새어머니 왕비는 예쁘면서도 욕심이 지나친 무서운 사람이었습니다. 그러니 예쁘다고 모두가 착한 것은 아니라 생각합니다. 그리고 잠잠 님은 예쁜 사람이 좋은 일에 더 많이 나선다고 하셨는데, 그것은 일부를 전체로 확대하여 생각하는 일반화의 오류(부분을 전체로 착각하여 범하는 생각의 오류)입니다.

진행자 예. 3차 발언으로 이어져야 하겠지만 시간 관계
상 이쯤에서 우승 팀을 가리도록 하겠습니다. 주
장과 근거를 명확히 제시한 토론나라 팀의 승리
입니다.

토론이 즐거운 유경의 토론 in 이야기

영화 〈땡큐 포 스모킹(Thank You for Smoking)〉

다음은 영화 <땡큐 포 스모킹(Thank You for Smoking)>에서 아버지가 아들에게 토론을 가르치는 장면이다. 아빠는 아들에게 토론에서 이기는 기술을 설명한다. 명확한 근거를 제시할 수 없을 때 이기는 말하기를 살펴보자.

아빠	네가 변호사가 됐다고 생각해 봐. 넌 아주 질이 나쁜 살인자를 변호하게 됐어. 법에 따르면 모든 인간은 균등한 기회를 가질 권리가 있어. 살인자를 변호할 수 있겠니?
아들	모르겠어. 기회는 균등히 주어져야 할 것 같은….
아빠	그렇지. 다국적 기업도 그 때문에 있잖아.
아들	그럼 아빠가 틀렸을 땐 어떻게 해?
아빠	아빠는 절대 안 틀려.
아들	하지만 항상 옳을 수는 없잖아.

아빠	자신이 하는 일이 옳다면 틀릴 일도 없겠지.
아들	그래도 틀리면 어떻게 해?
아빠	좋아. 넌 초콜릿 편이고 아빤 바닐라 편이다. 아빠가 너에게 이렇게 말했어. "아이스크림은 바닐라가 최고야." 그럼 넌?
아들	아니야. 초콜릿이 최고야.
아빠	그렇지. 하지만 넌 절대 이 논쟁에서 이기지 못해. 아빠가 이렇게 물었어. "넌 초코 맛만 맛있고 나머진 다 맛없단 말이니?"
아들	당연하지. 다른 건 절대 안 먹어.
아빠	그래? 넌 초코 맛만 먹는다 이거지?
아들	네. 난 초코 맛만 있으면 돼.
아빠	난 초코 맛만으로는 못살아. 난 바닐라 맛 말고 다른 맛도 먹고 싶어. 난 아이스크림을 고를 때에도 선택의 자유는 있다고 봐. 죠니, 그게 바로 자유라는 거야.
아들	하지만 지금 그 얘기를 하자는 게 아니잖아.
아빠	그래. 하지만 연관이 있는 얘기지.
아들	하지만 아빠도 바닐라가 최고라는 걸 증명 못 했

잖아?

아빠   그럴 필요가 없지. 아빤 네가 틀렸음을 증명했고,

네가 틀리면 내가 옳은 거니깐.

아들   하지만 아직 날 설득시키지 못했어.

아빠   아빤 네 편이 아니니까.

☞ 여러분도 논제 거리를 찾아 가족과 함께 토론해 보세요.

브레인라이팅 (brain writing)

동화나라의 세 번째 패널로 '도널드 덕'이 등장한다. 성격이 급하고 화를 잘 내지만 장난기 많은 성격이며, 항상 대범하고 창의적인 생각을 하는 캐릭터로 활약할 예정이다.

이론

토론도 생각 정리가 필요하다

민구   유경! 브레인라이팅이 뭐야?

유경   브레인라이팅이란 브레인스토밍의 변형으로, 주어진 문제에 대해 학생이 의견을 직접 포스트 잇에 적어 제출하면 진행자가 이를 수집하여 게시판에 정리하여 붙이는 의견 발표 또는 아이디어 수집 방법을 말해.

민구   아! 알아. 토크쇼 프로그램에서 노란 포스트 잇에 하고 싶은 말을 써서 여기저기 붙여 놓으면 진행자가 하나씩 읽어 주던 그거 아냐?

유경 알 것 같애! 질문의 방을 가득 메운 포스트 잇이나, 보드에 가득 붙인 포스트 잇! 하지만 그건 브레인라이팅과 조금 달라.

민구 하긴! 내가 말하는 건 질문이고, 브레인라이팅에서 말하는 건 주장이니까 다르겠다!

도널드 덕 맞아.

민구 어? 넌, 다혈질이지만 순수하고, 꼴사납지만 고상한, 결정적으로 쉽게 분노를 터뜨리지만 악의는 없는 캐릭터 '도널드 덕'이잖아! 혹시 이번 토론에서 나를 도와줄 친구야?

도널드 덕 나를 잘 알고 있는 친구군! 나에 대한 이야기는 나중에 하고, 지금은 토론에 대해 이야기 나누자.

민구 그런데 브레인스토밍이 뭐야? 아까 브레인라이팅을 설명하면서 브레인스토밍의 변형이라고 했는데, 난 브레인스토밍도 잘 몰라.

도널드 덕 브레인스토밍(brainstorming)은 머리(brain)와 폭풍(storm)의 합성어로, 머리에 폭풍이 일 듯이 자유분방하게 발상하여 다양한 생각을 얻고자 할 때

쓰는 방법이야. 여러 사람들이 함께 하는 집단 토의의 일종이지. 브레인스토밍에서 중요한 것은 아이디어에 대해 비판을 하거나 섣부른 결론을 내리지 않고 일정 시간이 지난 후 여러 사람들이 제시한 창의적인 아이디어를 종합하여 합리적인 해결책을 모색하는 것이지. 그래서 회사 등 새로운 제품을 기획하는 회의에서 많이 쓰이는 토의 방법이야.

민구 와! 내가 낸 의견에 비판을 하지도, 섣부른 결론을 내리지도 않는다는 점이 마음에 들어.

도널드 덕 브레인스토밍과 브레인라이팅은 자기주장을 내세우기 꺼리는 사람들의 아이디어도 볼 수 있다는 장점이 있지.

민구 아! 둘의 차이를 하나 발견했어. 스토밍은 말로 하는 거고, 라이팅은 글로 쓴다는 거. 맞지!

도널드 덕 맞아. 헌데 큰 차이점이 또 있어. 브레인스토밍이 아이디어 산출 자체에 초점을 둔 활동이라면, 브레인라이팅은 아이디어를 낼 뿐만 아니라 의견을 나누어 최선의 의견을 선택하는 데 목적이 있지. 브레인라이팅의 진행 방법은 앞에서 소개한 것처럼 포스트 잇에 각자의 생각을 적어 내고 진행자를 중심으로 문제를 분류하고 정리하면서 토론하는 거야. 토의일 때는 포스트 잇에 생각을 하나씩 써서 옆 사람에게 전달하고, 옆 사람은 앞 사람의 글을 힌트로 새로운 생각을 써 나가는 방법을 쓰기도 해. 이러한 방법은 과정이 끝날 때쯤이면 모든 참가자가 같은 아이디어를 소유한다는 특징이 있지.

민구 그런데 그렇게 쓰기만 하고 말을 안 하면 매우 조용하겠어.

도널드 덕 그래서 더 좋은 방법일 수 있지. 다른 사람의 방해를 받지 않고 각자 자유롭게 발상할 수 있으니까. 다른 사람이 쓴 포스트 잇에 글을 덧붙이는 방법은 하나의 아이디어를 바탕으로 아이디어를 발전시켜 나갈 수 있다는 장점이 있지.

토론 순서	
포스트 잇, 펜 제공	시간과 인원에 따라 1인당 3~5장 정도 지급
논제 제공	여러분은 이 문제에 대해 어떻게 생각하나요?

의견 쓰기	한 장의 포스트 잇에 한 가지 용어나 의견만 적음
분류	임의로 붙여 놓은 포스트 잇을 종류별로 분류함
제목 쓰기	분류된 포스트 잇에 제목을 붙임
발표	집단별 또는 개인별로 발표함

도널드 덕   이번 브레인라이팅 주제는 '도서관'이라고 하더군.

민구   도서관? 책이 많은 그곳?

도널드 덕   자, 그럼 브레인라이팅 토론을 위해 도서관에 대해 조금 더 알아보자. '도서관'에 맞는 자료들을 가지고 왔는데, 하나는 《엄마표 도서관 여행》이고 또 하나는 신문 기사야. 자료들을 살펴보고 토론에서 어떤 주장을 펼칠지 구체적으로 생각해 보자.

엄마표 도서관 여행 (이윤나 지음, 주니어김영사)

엄마와 아이가 함께 떠나는 도서관 여행 이야기다. 어른들이 기억하는 도서관은 대부분 시험공부를 하는 공간이었다. 때문에 어른들에게는 자유롭고 감성적인 공간이라기보다 매우 엄숙하고 낯선 곳이었다.

하지만 지금의 도서관은 책만 읽는 딱딱한 공간이 아니라 문화 공간이자 정보 교류 공간으로서 다양한 체험을 즐길 수 있는 곳이 되었다. 또한 각 지역의 특성에 맞게 나름의 역할을 수행하며, 다양하고 폭넓은 문화 콘텐츠를 제공하고 휴식 공간의 기능도 하고 있다. 이런 도서관에서 엄마와 함께 꿈도 키우고 즐거운 시간도 가져 보자.

민구   와! 나도 사실 도서관을 별로 좋아하지 않거든.
         그래서 도서관이 이렇게까지 다양한 기능을 하
         는 곳인지 몰랐어.

도널드 덕   도서관 이야기는 신문에서도 접할 수 있어.

'도서관 나들이'

도서관은 다양한 종류의 책을 많이 보유하고, 지역민 누구나 신분증만 있으면 이용 가능하도록 열려 있다. 최근의 도서관은 열람과 대출 서비스는 물론, 멀티미디어와 다양한 문화 프로그램까지 이용할 수 있도록 진화하고 있다.

찾아가는 이동도서관도 인기다. 수많은 책을 실은 차량이 학교와 공공 기관 등에 찾아가 지역 주민들을 대상으로 책을 대여해 주는 서비스는 바쁜 직장인과 지역 주민들에게 큰 인기를 끌고 있다.

또 대학생 멘토가 장애인이나 환자 등을 찾아가 책을 읽어 주는 서비스를 하고 있다. 특히 노인 요양원 등에서는 적적한 어르신들의 말벗도 되어 드려 인기가 높다.

지금 도서관은 대중을 향해 다가가고 있다.

〈신나는미디어신문〉

민구 　　　찾아가는 도서관이라…. 정말 편리하겠다!

도널드 덕 　　와! 대단한데. 세계 여러 나라의 도서관 이야기
　　　　　　가 담긴 이런 책도 있어.

세계 도서관 기행 (유종필 지음, 웅진지식하우스)

세계 최초의 도서관인 이집트 알렉산드리아 도서관에서 세계 최대의 미국 의회 도
서관까지, 전 세계 13개국을 넘나들며 지성의 성지인 도서관을 순례한 이야기이다.
볼테르와 오바마, 《42행 성서》와 《해리 포터》가 마주 앉은 오래된 서가를 거닐며
역사와 철학, 문학과 예술을 사랑한 이들을 만난다. 국회도서관장을 역임했으며 지
금은 서울의 한 자치단체장의 자리에서 도서관 만들기에 여념이 없는 저자 유종필
의 도서관 오디세이가 펼쳐진다.

민구 　　　와! 도서관이 이렇게 다양하고 대단한 줄 미처
　　　　　　몰랐어. 이젠 나도 도서관과 친해져야겠는걸!

도널드 덕 　　자, 도서관에 관한 배경지식도 길렀으니 이제 토
　　　　　　론장으로 가 보자.

도서관을 주제로 한 브레인라이팅 토론

진행자 지금부터 '도서관'을 주제로 브레인라이팅 토론
을 시작하겠습니다. 이 시간은 토의가 아니라 토
론을 하는 만큼 어느 팀이 더 많은 의견을 작성
했는지, 어느 쪽이 더 현실적인 아이디어를 생각
해 냈는지를 토대로 승패를 가리겠습니다. 오늘
의 토론을 위해 토론나라의 민구 씨와 도널드 덕
씨, 그리고 침묵나라의 잠잠 씨와 조용 씨가 참석
해 주셨습니다. 그럼, 각각의 팀은 주어진 포스트
잇에 '도서관' 하면 생각나는 것을 써 주시기 바
랍니다.

(두 사람이 한 팀이 되어 상대 팀에 들리지 않도록 토의하고
있다.)

민구 (혼잣말로) 도서관에 대해서 미리 공부하길 잘했어.
난 책, 문화 공간, 공부, 이동 서비스, 그리고….

도널드 덕 (혼잣말로) 난 생각 그물로 정리해야겠어.

민구 응. 저쪽 팀은 얼마나 했을까?

잠잠   도서관? 난 도서관이랑 친하지 않아서 뭘 써야 할지 막막하네!

조용   나도 그래. 난 일단 책은 재미가 없거든.

잠잠   (혼잣말로) 아! '책, 조용하다'를 쓰면 되겠다.

조용   (혼잣말로) 맞다. 난 '따분하다'를 써야겠어!

잠잠   그다음엔 뭘 써야 하지? 저쪽 팀은 얼마나 썼을까?

진행자   자, 그럼 두 팀의 포스트 잇을 하나씩 보여 주면서 발표하시기 바랍니다. 쓴 내용이 없으면 '패스'를 외쳐 주세요. 침묵나라부터 시작하겠습니다.

잠잠   책.

민구   그럼 전 도서 대출.

조용   따분하다.

도널드 덕   문화 공간.

잠잠   조용하다.

민구   이동 서비스.

조용   패스.

도널드 덕   빌 게이츠를 키운 동네 도서관.

잠잠	패스.
민구	*야호! 난 더 할 수 있어*(혼잣말로). 한국의 기적의 도서관.
도널드 덕	도서관 사서.
민구	CD, DVD 대여.
진행자	자, 이제 정리를 하시면서 토론을 해 주시기 바랍니다.
민구	도서 대출과 CD, DVD 대여를 하나로 묶으면 도서관이 어떻게 변하고 있는지를 알 수 있습니다.
도널드 덕	빌 게이츠를 키운 동네 도서관과 이동 서비스도 하나로 묶을 수 있어요. 동네마다 생기는 작은 도서관과 도서관이 없는 곳으로 찾아가는 이동도서관이 있어서 누구나 책을 가까이 할 수 있게 되었어요.
진행자	침묵나라는 하실 말씀 없으신지요?
잠잠	아… 예. 없습니다.
진행자	두 나라의 토론 잘 보았습니다. 토론이라는 것이 원래 그 자리에서 승패를 가리기가 어렵지만, 두 나라의 대결이므로 이 자리에서 승패를 결정하겠습니다. 이번 브레인라이팅 토론에서는 도서관

에 대해 다양한 이야기를 해 주신 토론나라가 이
겼습니다.

민구   야호! 도널드 덕이 알려준 배경지식 덕분에 이겼
어. 다혈질이고 꼴사납다고 한 말, 취소!!!

도널드 덕   아니야. 역시 넌 해낼 줄 알았어!

유경   너희가 이길 줄 알았어. 그럼, 다음 토론장으로
이동하자.

토론이 즐거운 유경의 토론 in 이야기

브레인라이팅을 위한 창의적 발상법

토론이 항상 찬반으로 대립하는 주제만 다루는 것은 아니다. 교실 내에서 벌어지는 문제를 해결하거나 여러 의견을 모아야 할 때 적당한 방법이 바로 브레인라이팅이다. 브레인라이팅을 할 때 생각이 떠오르지 않는다면 다음과 같은 창의적 발상법을 활용할 수 있다.

① PMI 기법

PMI(Puls Minus Interesting) 기법이란 어떤 문제에 대해 긍정적인 면과 부정적인 면을 모두 따져 보고 가장 바람직한 문제 해결 방법을 찾는 방식이다. 이 기법은 폭넓고 융통성 있는 사고와 균형 잡힌 대안을 이끌어 낼 수 있게 한다.

P : 왜 그것을 좋아하는가?
M : 왜 그것을 좋아하지 않는가?
I : 'P'와 'M' 중에서 흥미로운 부분을 찾아 대안 생각하기

② 스캠퍼 기법

스캠퍼(SCAMPER) 기법이란 미리 문제의 착안점을 정해 놓고 그에 따라 사고를 다각적으로 함으로써 아이디어를 얻는 기법으로, 다음 영어 단어들의 머리글자를 따서 만든 이름이다. 아래는 '자동차의 발전'에 대한 예시다.

S : 대체(substitute)	기름 대신 전기로 가는 자동차를 만들고,
C : 결합(combine)	자동차와 비행기를 결합(C)하여 날개 달린 자동차를 만들지.
A : 응용, 적용(adapt)	오래전에는 인력거가 대신했고,
M : 변형(modify), 확대(magnify), 축소(minify)	자동차를 확대(M)하여 버스를 만들며,
P : 다른 용도 (put to other uses)	폐버스를 이용하여 음식점 등으로 이용하지.
E : 제거(eliminate)	꼭 필요한 부품은 뺀 나머지를 모두 제거하여 경주용 자동차를 만들고,
R : 뒤집기(reverse), 재배열(rearrange)	엔진을 앞에 두기도 하고(전륜), 뒤에 두기도 하지(후륜).

신호등 토론

동화나라의 네 번째 패널로 귀뚜라미 '지미니 크리켓'이 등장한다. 피노키오의 든든한 멘토이자 조력자인 만큼 이번 토론에서도 적극적으로 자신의 주장을 펼치며 문제 해결에 힘쓰는 캐릭터로 활약할 예정이다.

이론

내 주장을 말하자

민구   어? 신호등 토론? 토론에도 신호등이 있어?

유경   응. 신호등 토론은 이름처럼 참가자들이 각자 빨간색 카드, 노란색 카드, 초록색 카드를 하나씩 들고 있다가 질문에 대해 찬성이면 초록색을, 반대면 빨간색을, 판단이 서지 않으면 노란색의 카드를 들어 자신의 의견을 드러내는 토론 방법이야. 진행자는 토론자들이 왜 빨간색을 들었는지,

또 초록색을 들었는지 등 양쪽 의견을 동등하게 묻고 답하면서 토론을 하지. 대개 결론을 맺지 않고 토론을 마무리하여 토론자들이 생각을 키워 나갈 수 있도록 한단다. 하지만 오늘은 침묵나라와의 대결이니 승리 팀을 가리게 될 거야.

민구 와~ 생각보다 쉬운데!

유경 신호등 토론은 자신의 의견이 찬성인지 반대인지, 의사 표현을 분명히 하는 연습을 할 수 있는 토론 방법이지.

민구 하긴! 찬성이면 초록색, 반대면 빨간색을 드는 거니까 의사 표현은 확실히 되겠다.

지미니 안녕! 난 귀뚜라미인 지미니 크리켓이라고 해. 편하게 '지미니'라고 불러 줘.

민구 안녕! 난 민구야. 그런데 지미니라고? 어디서 많이 들어 본 이름인데….

지미니 맞아, 나는 동화 《피노키오》에 나오는 말하는 귀뚜라미야.

민구 아! 《피노키오》에 나오는 현명한 귀뚜라미. 피노키오의 조력자이기도 하지?

지미니 맞아! 나를 아는구나!

민구	늘 피노키오 옆에서 양심이라고 주장하며 조언자가 되어 주겠다고 간섭하는 캐릭터지!
지미니	뭐! 간섭?
민구	아! 미안! 난 네가 피노키오가 금화에 눈이 멀어 여우와 고양이의 꾐에 빠질 때나, 일탈을 위해 장난감 나라로 떠날 때 나타나 도와주었다는 것을 알아. 오늘은 나를 도와줄 거지?
지미니	무슨 그런 말을. 우리 함께 잘 해 보자.
민구	그래. 그럼 이번 토론인 신호등 토론에 대해 계속 공부하자. 그런데 유경은 여잔데도 토론을 잘 알아서 부러워. 난 잘 모르거든.
유경	거기에 여자가 왜 들어가니? 토론을 '잘하고 못하고'는 '남자냐 여자냐'와 아무런 상관이 없어. 어떤 현명한 생각을 하는지, 그것을 얼마나 조리 있게 전달하는지의 문제지.
민구	그냥 뜻 없이 한 말이었어. 미안! 미안!

토론 순서	
신호등 카드 제공	– 한 사람당 빨간색 카드, 노란색 카드, 초록색 카드를 하나씩 제공
질문하기	– 주제를 제시한 뒤 주제와 관련하여 찬반을 나누는 질문하기
찬반 입장 표시	– 신호등 카드를 들어 찬반 입장 나타내기 – 찬성과 반대 인원 파악하여 기록하기
근거 제시	– 찬반 주장에 대한 근거 말하기 – 찬반 양측 주장에 동의 혹은 반론 등의 의견을 내며 진행
질문하기	– 주제와 관련하여 다른 질문하기 – 위의 과정을 반복하며 토론 진행
발표	주제에 대한 자신의 생각 정리하기 정리된 생각, 토론 후 소감 발표하기

지미니 유경에게 배웠으니 신호등 토론을 연습해 보자.

민구 그거 좋은 생각이야. 주제는 내가 좋아하는 스마트폰 어때?

지미니 그래. 어제 신문에도 스마트폰 이야기가 실렸더라.

'학교 내 스마트폰 사용 제한 추진'

최근 학교 내 스마트폰 사용으로 교육 활동이 지장을 받고 있다.

스마트폰이 생활의 질을 높인 것은 분명하지만, 청소년들의 경우 무분별한 사용으로 중독 현상이 심각해지면서 학교 문제를 넘어 사회문제가 되고 있다.

현재 '게임 · 인터넷 · 스마트폰의 올바른 사용을 위한 생활지도 매뉴얼'을 학교에 배포하거나, 청소년들의 스마트폰 사용 시간을 제한하는 애플리케이션 등이 등장했지만 근본적인 해결책이 되기에는 한계가 있다는 지적이다.

이를 해결하기 위해 학교 내에서의 정보 통신 기기의 사용을 학교장 재량으로 제한할 수 있는 '초 · 중등교육법 일부개정법률안' 추진을 검토하고 있다.

〈신나는미디어신문〉

민구 그렇다면 우리, '학교 내 스마트폰 사용 제한 추진, 올바른 방향인가?'에 대해 어떤 입장인지 서로 이야기해 보자. 나부터 할게. 난 초록색, 찬성! 스마트폰은 전화는 물론 인터넷, 음악 감상, 사전 등 다양한 것을 이용할 수 있으니까 없어서는 안 될 필수품이야.

유경 그럼 난 빨간색, 반대. 스마트폰을 잘 사용하는 친구들보다 게임이나 TV 시청에 이용하는 사람이 더 많아. 그러니 필요하지 않은 물건 중 하나야.

지미니   그럼 난 노란색, 중립. 활용을 잘하는 사람에게는 좋은 도구이지만, 전화나 게임 용도로만 사용하는 사람들에게는 필요 없는 기계지.

스마트폰이 먹어 치운 하루 (서영선 글·박연옥 그림, 람파스)

이 책은 어린이 스스로 슬기롭게 스마트폰을 사용하며 자기 관리를 하게끔 도와주는 생각 동화책이다. 게임, 미니 홈피, 채팅, 커뮤니티 등 스마트폰은 어린이들의 흥미를 채워 주는 만능 도구가 되고 있다. 하지만 그만큼 스마트폰에 빠져서 공부와 할 일을 미루고 스마트폰만 들여다보는 일 역시 늘어나고 있다.
어린이들이 주인공 윤아의 이야기를 통해 스마트폰 세상보다 자기 옆에 있는 친구, 부모님 같은 존재의 소중함을 알고, 자기 생활을 돌보며 스마트폰을 슬기롭게 사용하는 습관을 기르기를 바란다.

민구   나도 스마트폰을 오래 사용하는 편이라서 《스마트폰이 먹어 치운 하루》의 이야기가 공감이 가.

지미니   적당한 게 좋은 거야. 모자란 것도 넘치는 것도 좋지 않아.

유경   '적당히'가 가장 어려운 거야. 그럼 한 번 더 해 볼까? 두 번째 토론은 '별명'에 대해서 이야기해 보자!

'〈무한도전〉 정준하, 극과 극 별명 변천사'

MBC 〈무한도전〉 초창기에 정준하의 이미지는 '식신, 괴물, 뚱뚱보, 눈치 제로' 등이었다. 그러나 회를 거듭할수록 자신의 매력을 하나씩 드러내며 시청자를 사로잡고 있다.

2011년에 방영된 〈무한도전–정 총무가 쏜다〉 특집에서 정준하는 놀라운 암산 실력을 보여 주며 바보 이미지를 타개했다. 그리고 이 방송을 계기로 '전자두뇌'라는 새 별명을 얻었다.

2012년 1월의 〈무한도전–나름 가수다〉 특집에서는 〈키 큰 노총각 이야기〉로 가요제 1등을 차지했다. 노래에 담긴 연인 '니모'를 향한 정준하의 진실되고 절절한 사랑을 보여 주며 '훈남' 이미지를 굳혔다.

정준하는 현재 자신의 팔색조 매력을 가감 없이 드러내며 〈무한도전〉 시청자들의 마음을 사로잡고 있다. 앞으로 어떤 활약을 통해 새 별명을 얻게 될지 주목된다.

〈신나는미디어신문〉

민구   두 번째 토론에서는 친구의 이름 대신 별명을 부르는 것에 대해 서로의 생각을 밝혀 보자! 난 이름이 '망구'같이 들린다고 해서 친구들이 '할망구'라는 별명을 붙여 주었어.

지미니   할망구! 재미있고 좋은데! 기억에 오래 남겠다. 내 별명은 '양심'이야.

유경   그래. 그럼, 별명으로 신호등 토론을 연습해 보자.

지미니 이번엔 나부터. 난 초록색, 찬성. '별명을 부르면 친구와 사이가 좋아진다.' '별명을 부르면 분위기가 즐거워진다.' 등의 의견을 말할 수 있어.

민구 난 별명 부르는 게 싫으니까 빨간색, 반대 입장. '듣기 좋은 별명도 있지만, 듣기 싫은 것도 많다.' '별명은 당사자에 대한 배려가 담겨 있지 않다.' 등의 의견이 나올 수 있을 거야.

유경 노란색, 중립은 '어떤 별명은 분위기를 밝게 하고 기분도 좋게 한다. 하지만 반대로 기분을 나쁘게 하는 별명도 있다.'의 의견을 내놓을 수 있겠다.

실전
하얀 거짓말은 필요하다

진행자 자, 그럼 지금부터 '하얀 거짓말은 필요하다.'라는 주제로 신호등 토론을 시작하겠습니다. 아시겠지만 신호등 토론은 대체로 결론을 내리지 않지만, 이 시간은 침묵나라와 토론나라의 대결인 만큼 질문에 대한 답변이 논리적인 팀이 승리하는 것으로 결정하겠습니다.

오늘 토론을 위해 토론나라의 민구 씨와 지미니 씨, 그리고 침묵나라의 잠잠 씨와 조용 씨가 참석해 주셨습니다. 그럼 각각의 팀은 주어진 문제를 잘 듣고 '하나 둘 셋'을 외치면 자신의 생각을 카드로 표시해 주시기 바랍니다.

(두 팀은 신호등 색깔을 보며 생각을 정리하고 있다.)

진행자   하나, 둘, 셋!

(토론나라는 빨간색 카드를, 침묵나라는 초록색 카드를 들었다.)

진행자   토론나라 팀은 반대를, 침묵나라 팀은 찬성을 하셨습니다. 먼저 토론나라 토론자에게 묻겠습니다. 반대하신 이유는 무엇입니까?

민구   하얀 거짓말을 우리는 선의의 거짓말이라고도 합니다. 선의의 거짓말이란 좋은 뜻의 거짓말을 말합니다. 하지만 거짓말은 속인다는 의미가 있고, 속이는 것이 선의가 될 수는 없다고 생각하기 때문입니다. 그리고 제가 읽은 책의 주인공 토토 《토토, 진실만 말하렴》, 모니케 세페다 지음, 푸른길)는 "진실을 말하지 않으면 사람들은 우리가 어떻게 생각하고 느끼는지 알 수 없을 것"이라고 했습니다. 그러므로 하얀 거짓말은 필요하지 않다고 생각합니다.

진행자 잘 들었습니다. 이번에는 침묵나라 토론자의 생각을 들어 보겠습니다.

잠잠 상황에 따라 거짓말이 필요할 때가 있습니다. 하얀 거짓말은 악의가 없기 때문에 상황에 따라 필요하다고 봅니다.

진행자 자, 그럼 두 번째 의견을 들어 보겠습니다. 이번에는 침묵나라의 이야기를 먼저 듣겠습니다.

조용 선의의 거짓말은 사람의 기분을 좋게 합니다. 예를 들어 "얼굴이 좋아 보여."나 "머리가 잘 어울리는데!"와 같은 말은 듣는 사람의 기분을 좋게 하기에 이런 하얀 거짓말은 필요하다고 봅니다.

진행자 자, 그럼 토론나라의 의견도 들어 보겠습니다.

지미니 악의가 없는 거짓말이 긍정적인 효과를 주기도 한다지만 본질은 위험합니다. 그리고 그것은 나쁜 결과를 가져오기도 합니다. 예를 들어 어울리지도 않는 머리를 '잘 어울린다.'고 말해서 그런 줄 알았는데 알고 보니 그것이 아니었을 때 배신과 실망은 매우 큽니다. 악의가 없다고 해서 해도 되는 것은 아닙니다. 하얀 거짓말도 반복해서 자주 하면 습관이 되고, 그러면 양치기 소년이나 피노키오 같은 거짓말쟁이가 됩니다. 이렇게 반복적으로 거짓말을 하면 '리플리병'이라는 인격 장애를 앓게 됩니다.

진행자 양쪽의 의견이 팽팽하군요. 그럼 이 토론을 보고 있는 군중들 가운데 중립의 의견을 가지신 분이 있으면 손을 들어 주세요.

정적 저는 하얀 거짓말이 필요하기는 하지만 많이 쓰는 것은 안 된다고 생각합니다. 하얀 거짓말을 마음껏 하라고 만든 만우절이 있고, 거짓말을 하면 벌을 받기도 하니까, 저는 반반이라고 생각합니다.

진행자 예. 그럼 이번 토론의 승부를 가리도록 하겠습니다. 오늘의 승패를 가리기 위해 이웃나라인 참견

나라 분들을 모셨습니다. 두 팀의 토론을 듣고 어
느 팀의 생각이 논리적이었는지를 판단하셔서
승리 팀의 색깔 카드를 들어 주시기 바랍니다.

(참견나라 사람 7명은 제각각 카드를 든다.)

진행자   예. 이번 토론은 결과도 팽팽하군요. 빨간색 카드
가 4표, 초록색 카드가 3표네요. 빨간색 카드를
들었던 토론나라의 승리로 하겠습니다.

민구   와! 이번에도 이겼어. 역시 지미니는 양심이야!

유경   지미니 수고했어. 너와 딱 맞는 주제였어. 그럼
다음 토론장으로 이동하자.

한 초등학교 교실에서 '초등학생은 가요를 부르면 안 된다.'라는 논제로 토론이 시작되었다.

선생님　　　자, 지금부터 찬성 측과 반대 측으로 나눌 거야. 일단 여러분의 생각을 들어 보고 나누도록 하자. 찬성하는 사람?

(손을 든 학생은 30명 중 3명이다.)

선생님　　　뭐야? 그럼 나머지는 모두 반대인 거야?

친구들　　　네. 저희는 가요를 불러도 된다고 생각해요.

선생님　　　일단 세 명은 찬성 측으로 가서 앉고, 나머지 학생들은 한 번 더 기회를 줄 테니 잘 생각해 봐. 주장만 하면 되는 게 아니라 거기에 맞는 합리적이

고 논리적인 근거를 제시할 수 있어야 해. 자, 그
럼 다시, 찬성하는 사람?

(반대 27명 중 20명이 손을 든다.)

선생님   너희 뭐냐? 주장이 왜 왔다 갔다 하냐?

학생 1   선생님께서 근거를 들어야 된다고 하셨는데, 생
각해 보니 가요를 불러도 되는 근거를 찾기가 어
려워요.

선생님   녀석들아, 그럼 너희만의 창의적인 근거를 생각
해 봐야지. 아는 게 없다고 주장을 그렇게 바로
뒤집어?

학생 2   창의적 근거요? 합리적이고 논리적인 근거만 있
는 거 아니었어요?

토론의 성패는 주장에 달려 있다. 하지만 주장을 뒷받침할
근거가 없다면 설득력을 잃게 되고, 그러면 주장은 더 이상 주
장이 아니라 외침이 되기 쉽다. 주장을 뒷받침하기 위해서는

다음과 같은 조건들이 필요하다.

❶ 근거나 기준에 따라 따져서 논리적 오류가 없도록 하는 비판적 사고
(예 : '우리나라의 치킨집 수는 전 세계 맥도날드 매장 수보다 더 많다.'
와 같이 제시된 통계가 적절하게 비교되었는지, 또는 '지양', '지향'과
같이 사용한 용어에 오류가 없는지 등을 확인함)

❷ 기준을 넘어 전체를 보고 새롭거나 다른 생각을 만드는 창의적 사고
(예 : 춤은 원래 이교도가 신을 숭배하는 비밀 의식에서 사용되었던 것
이므로 기독교인은 춤을 추어서는 안 된다는 주장에 대해, 현대의 춤
은 소통의 또 다른 방식이며 문화라는 점에서 확장된 사고가 필요함을
주장할 수 있음)

❸ 가치와 정서 및 상대의 입장을 헤아리는 배려적 사고와 같은 새로운
사고 (예 : 가치와 정서를 무시하는 인신공격이 아닌, 정황에 대한 이
해 또는 정당한 근거를 바탕으로 반박할 수 있어야 함)

배심원 토론

동화나라의 다섯 번째 패널로 '코난'이 등장한다. 특유의 예리함과 논리적인 추론력을 기반으로 배심원 토론을 활발하게 이끌 캐릭터로 활약할 예정이다.

 이론

생각을 모아 함께 결정하자

민구　유경! 이번엔 배심원 토론이래! 혹시 내가 법정 드라마에서 본 그런 건가?

유경　민구는 법원에 갈 일이 없었으니, 배심원을 TV 드라마에서 만났겠구나!

민구　응. 얼마 전에 본 드라마에서도 26년 전 아내를 죽인 살인자로 몰려 무기징역을 선고 받았던 무고한 사람이, 출소 후 우연히 아내를 만나게 되고 아내의 뻔뻔함에 폭력을 행사하여 다시 재판을 받게 된 이야기가 나왔어. 재판부는 배심원에게 "이 재판은 피고인의 유무죄를 가리는 재판인 동시에 과거 사법부의 유무죄를 가리는 자리입니다. 피고인에게 국민이 생각하는 법의 평결을 보여 주시길 바랍니다."라고 말했지. 결국 배심원들은 '국민의 이름'으로 사법부에는 유죄, 무고한 피고인에게는 무죄를 선언했어.

유경　그 드라마, 재미있었겠다!

민구　처음엔 거기에 앉아 있던 배심원들이 검찰과 변호사의 이야기를 들을 때마다 고개를 끄덕거리기만 해서 한심해 보였는데, 한참을 보다 보니 아무나 하는 게 아니라는 생각이 들었어.

유경　이렇게 배심원이 있는 재판을 우리나라에서는 '국민 참여 재판'이라고 해. 미국의 경우 유무죄를 다루는 판결은 배심원이 하도록 되어 있어. 다시 말해, 피고에게 죄가 있느냐 없느냐를 판단하는 것은 배심원의 몫이라는 거지. 그리고 배심원제의 기본은 만장일치야.

민구　만장일치? 그럼 결론을 내리기가 쉽지 않겠는데!

유경 맞아! 배심원들이 판단하는 과정이 궁금하다면 영화 〈12명의 성난 사람들〉을 봐.

민구 혹시 배심원 토론이라는 것이, 찬반으로 나뉜 토론자의 판결을 배심원이 한다는 거야?

코난 맞아. 배심원제를 토론에 도입한 방법이 바로 배심원 토론이야. 정해진 토론자 이외의 사람들이 배심원으로 참여해서 심사자의 평결에 도움을 주는 토론 방식이지. 토론 과정에서는 난상, 원탁, 찬반 등 다양한 방식으로 진행할 수 있어. 배심원 토론은 배심원의 지지를 최대한 많이 얻는 것을 목표로 해. 장점은 찬성이냐 반대냐 또는 유죄냐 무죄냐의 쟁점이 분명하기 때문에 토론이 활발하다는 거지. 그리고 배심원들이 토론에 적극적으로 참여할 수 있다는 장점도 있어.

민구 와! 나의 예측이 꼭 맞았는걸! 그런데 넌 누구야?

코난 응. 나는 《명탐정 코난》의 주인공 코난이야. 내가 도움이 될 거야.

민구 아! 논리적인 추리로 사건을 해결하는 주인공! 코난의 도움, 부탁할게.

토론 순서	
사회자	논제 발표, 토론 방식과 발표 시간 등을 알림 토론 과정은 여러 토론 형태 중에서 정함
찬성 토론자	찬성 측의 발언으로 토론 시작
반대 토론자	초반 발언은 준비한 내용을 바탕으로 입론
찬성 토론자 반대 토론자	토론에 어려움을 느끼면 숙의(깊이 생각하여 충분히 의논함) 시간을 요청할 수 있음 중간에 토론자를 교체하여 새로운 논점으로 전환할 수 있음
찬성 토론자 반대 토론자	앞의 과정을 찬성과 반대 토론자가 번갈아 가며 3~5회 정도 반복하여 논쟁을 벌임 3회 이후의 발언에서는 상대방의 논거를 비판, 반박하는 반 론 중심으로 펼침
사회자	배심원에게 질문 권한을 줌(또는 청중의 질문을 받음)
배심원	배심원이 특정 토론자에게 질문하고 답변을 들음
양측 토론자	마무리 발언
사회자	배심원에게 토론에 대한 평결 부탁
배심원	배심원단 회의를 통해 모아진 결과를 배심원장이 발표
사회자	토론 마무리

민구　　이번 토론의 논제는 뭐야?

코난　　'현대사회에서 인간소외는 불가피한 현상이다.'
　　　　야. 자료로 소외에 대한 책《나는야, 늙은 5학년》
　　　　줄거리랑 신문 기사를 가져와 봤어.

나는야, 늙은 5학년 (조경숙 지음, 비룡소)

이 책의 주인공 명우는 조금 특별하다. 키 130cm, 몸무게 27킬로그램, 아직도 가지고 있는 유치. 이것이 열다섯 살 명우의 모습이다. 스무 살 형을 따라 중국을 거쳐 북에서 온 탈북자로 가난 때문에 정규교육을 제대로 받지 못해 초등학교 5학년부터 다시 시작하게 된 명우. 무조건 영어 공부에 매달리고, 급식을 투덜거리며 버리는 같은 반 친구들의 모습을 보며 명우는 문화 차이를 경험한다. 명우의 이야기를 통해 남한 사회의 다양한 모습은 물론, 상대를 있는 그대로 인정하는 것이 함께하는 가장 빠른 지름길임을 알게 된다.

민구   소외? 어려운 주제인걸!

코난   경제, 문화, 정치, 교육 등 소외의 범위가 워낙 넓어서 그래. 내가 소외의 불가피성에 관한 기사를 준비했으니 비교해 봐.

'소외 계층에 배려와 관심 필요해'

한파 속에 안타깝게 목숨을 잃는 사람들이 생기고 있다. 맹추위가 계속되는 데다 일부 원자력발전소가 가동을 중단하면서 전력 상황도 좋지 않다.

정부는 가난하거나 몸이 불편해 경제적으로 도움이 필요한 사람들에게 연탄을 제공하거나 전기와 가스 이용비를 지원하는 등 혜택을 주고 있다. 하지만 그 혜택이 적절한 체온을 유지하기에는 부족한 수준이고, 일부 사람들은 이 돈을 더 급한 용도에 써 버려 난방을 못 하는 경우도 있다.

우리 주변에는 결식아동들과 저소

득 장애인, 실직 노숙자 등 이웃의 따뜻한 관심과 손길이 절실한 소외 계층이 있다.

이들이 최소한의 인간다운 생활을 할 수 있도록 좀 더 적절한 대책이 필요하다. 사회적으로 소외된 계층에 대한 배려와 관심이 절실하다.

〈신나는미디어신문〉

'현대사회에서 소외되는 아버지들'

한때 TV 다큐 예능 〈아빠! 어디가?〉가 인기였다. 5명의 아빠들이 아내 없이 아이들과 1박 2일 동안 낯선 시골 마을에서 묵으며 마음을 나누는 프로그램이다. 친구 같은 살가운 아빠가 되고자 하는 요즘 아빠들의 모습을 반영한 이 프로그램은 아빠들의 육아 동참을 가속화했다.

하지만 집안의 경제를 책임져야 하는 다수의 아빠들은 회사에 다니느라 시간을 낼 수 없고, 빠르게 변하는 사회에 적응하느라 아빠의 역할을 하기 쉽지 않다. 그러니 이래저래 무뚝뚝하고 무심한 아빠는 더 이상 설 자리가 없게 된 셈이다.

〈신나는미디어신문〉

민구   두 가지 기사를 보니, 어떤 입장에 서야 할지 더 어려워졌어.

실전

현대사회에서 인간소외는 불가피한 현상이다

진행자   자, 지금부터 '현대사회에서 인간소외는 불가피한 현상이다.'를 논제로 배심원 토론을 시작하겠습니다. 토론나라의 민구 씨와 코난 씨, 그리고 침묵나라의 정적 씨와 고요 씨가 참석해 주셨습니다. 그리고 오늘 배심원으로 이웃 참견나라의 간여 씨, 참여 씨, 간섭 씨, 참가 씨, 개입 씨, 상관 씨, 아랑곳 씨께서 참석해 주셨습니다. 자, 그럼 찬성 팀부터 의견을 말씀해 주세요.

정적   사람은 저마다 성향이 달라서 세월이 바뀌어도 사회에 잘 적응하며 지내는 사람이 있는 반면, 약간의 변화에도 흔들리고 힘들어하는 사람이 있습니다. 물론 사회가 급변하기 때문에 적응이 쉽지 못한 면도 있을 것입니다. 그런데 누구는 적응을 잘해 나가고 누구는 그렇지 못하다면 이는 사회의 책임으로만 돌릴 수 없는 부분이라 생각합니다. 오히려 그 사람에게 원인이 있는 것이지요. 저희는 현대사회에서 인간소외는 불가피하다고 생각합니다.

민구 '인간은 태어날 때부터 고독한 존재'라는 말이 있습니다. 물론 가족, 학교와 친구, 사회라는 울타리가 있지만 결국 혼자라는 뜻입니다. 하지만 인간은 사회적 동물이기 때문에 혼자서는 살 수 없습니다. 따라서 함께 어우러져 살아야 하는데, 사회가 발전할수록 소외되는 사람들의 수는 더욱 늘고 있습니다. 그들은 사회에 적응하지 못한 채 사람들을 기피하며 자신만의 공간에 들어가 숨으려 합니다. 따라서 저는 인간소외 현상이 사회의 변화에서 비롯되었다고 생각하며, 사회가 바뀌어야 이런 현상도 점차 사라질 거라 봅니다.

고요 인간소외는 과거에도 있었던 현상입니다. 현 시대는 사람들의 일거수일투족이 다 파악되기 때문에 그런 현상이 더 많이 보고되어 더욱 심한 것처럼 느껴질 뿐입니다. 이 시대는 돈만 있으면 모든 것이 해결되기에, 스스로 불편하고 번거로운 관계는 맺지 않고 살아가려는 사람들도 존재합니다. 그러므로 인간소외는 스스로 만든 일일 수 있습니다. 이것은 변화하는 사회에서 생겨난 하나의 현상으로 생각하면 좋을 듯합니다.

코난	모든 관계의 시작은 가정입니다. 핵가족화된 현대사회는 대가족이 어울려 살던 때와 달리 가족의 정을 느끼지 못할 때도 있습니다. 가족의 정을 많이 느끼지 못한 어린이들이 성인이 되어 사회의 주된 구성원이 된 지금은, 사람이 아닌 기계나 물질을 더 지향하게 되었다고 생각됩니다. 따라서 저는 인간소외 현상을 해결할 수 있는 근본적인 방안은 사회 구성의 기본 방향을 바로 세우는 것을 목표로 해야 한다고 생각합니다.
진행자	네 분의 의견 잘 들었습니다. 그럼 청중들의 질문을 받아 보겠습니다. 질문이 있으신 분은 자신의 신분과, 어느 패널에게 하는 질문인지를 밝히신 후 질문해 주시기 바랍니다. 자, 질문 있으신 분은 손을 들어 주세요.
간섭	참견나라 간섭입니다. 침묵나라 고요 씨께 묻고 싶습니다. 사람은 관계를 맺고 살아가야 하는데 스스로 소외시켰다고 해서 관계가 필요 없는 것은 아니지 않나요? 그래서 저는 소외는 없어야 된다고 생각하는데, 고요 씨는 어떠신가요?
고요	평양 감사도 제가 하기 싫으면 그만이라는데, 혼

자가 좋다는 사람을 꼭 관계 맺도록 할 필요가
있을까요? 질문에 충분한 답이 되었을 것입니다.

참가　　저는 참견나라 참가입니다. 민구 씨에게 묻겠습
니다. 민구 씨는 인간소외가 사회문제라는 지적
을 하셨는데, 그렇다면 우리 사회가 어떻게 바뀌
어야 할까요?

민구　　최근 매스컴에는 학교의 왕따 문제나 다문화와
새터민 등의 문제가 자주 보도되고 있습니다. 어
느 신문을 보니 이런 일이 발생하는 이유는 사람
들에게 공감 능력이 부족하기 때문이라더군요.
즉 그런 상황에 처한 사람을 이해하는 마음이 부
족하고, 역지사지의 능력이 갖춰져 있지 않기 때
문입니다. 따라서 사회 속에서 공감하고 배려할
수 있는 능력을 키울 수 있는 교육이나 홍보 등
의 방안을 마련해야 합니다.

진행자　　질문해 주신 배심원 여러분, 그리고 답변해 주신
토론자 여러분께 감사드립니다. 배심원 여러분은
토의하셔서 결과를 발표해 주시기 바랍니다.

간여(배심원 대표)　　저희 배심원은 이번 토론의 논제에 대해 '모든
것은 개인이 문제다.'라고 본 정적 씨와 고요 씨

에게 2표를, '사회의 변화와 함께 발생한 현상으로, 사회와 가정이 함께 나서야 한다.'고 본 민구 씨와 코난 씨에게 5표를 주었습니다. 축하드립니다.

코난   휴! 이번 토론은 정말 쉽지 않았어.

토론이 즐거운 유경의 토론 in 이야기

영화 <12명의 성난 사람들> 속 배심원 토론

<12명의 성난 사람들>은 한 소년의 살인 사건에 관한 재판을 배경으로, 최종 판결을 앞둔 12명 배심원들의 설전을 담고 있다. 11 대 1로 유죄를 주장하던 배심원들이 시신에 있는 상처와 소년의 키를 비교하는 등 설득력 있고 논리적인 주장을 펼치며 무죄판결을 내리게 되는 과정을 담고 있다. 그럼 잠시 배심원들의 이야기를 들어 보자.

재판장 이건 1급 살인 사건입니다. 계획 살인은 엄중히 다루어야 할 중범입니다. 증언도 들었고 관련 법령도 숙지하셨을 테니 이제 사건의 진실을 가려야 합니다. 만일 유죄판결에 대해 정당한 의심이 든다면, 그 의심이 정당하다면 무죄판결을 내려 주십시오. 그러나 정당한 의심이 없다면 선한 양심에 따라 유죄판결을 해 주십시오. 판결의 방식은 만장일치제입니다. 신중한 결정을 바랍니다.

(배심원 토론을 위해 이동한다.)

배심원 1 (사회자 역할 맡음) 시작하겠습니다. 방식은 여러분 자유입니다. 제가 정하지 않겠습니다. 먼저 토론을 하고 투표할 수도 있고, 바로 투표를 할 수도 있죠.

배심원 5 예비 투표부터 합시다.

배심원 1 그럼 유죄라고 생각하는 분은 손 드세요. 유죄가 11명, 무죄가 1명입니다.

배심원 3 이봐요. 정말 무죄라고 생각해요?

배심원 8 모르겠소. 하지만 그는 이제 열여덟 살이오. 11표가 유죄라고 논의 없이 동의해서 형장으로 보내기 쉽지 않군요. 5분 만에 결정했다가 틀리면? 1시간으로 하죠.

배심원 12 이건 제안인데요. 우리 생각이 맞고, 저 분이 틀리다는 걸 설득해 보죠.

배심원 1 좋은 생각입니다. 차례대로 해 보죠.

배심원 2 내 생각은 그가 유죄인 것 같아요. 목격자도 있잖아요.

배심원 3   첫째, 범행 현장 아래층에 살던 노인은 밤 12시 10분쯤 큰 소음을 들었소. 1초 뒤 사람이 쓰러지는 소리에 나와 보니 아이가 계단으로 도주하고 있었소. 검시관도 죽은 시간을 자정으로 추정했소. 나도 인정 있는 사람이지만, 범행에 대한 대가는 치러야 한다고 생각합니다.

배심원 4   그 때 영화를 봤다는데 1시간 뒤 제목도 기억 못 하는 건 이해 안 돼요.

배심원 8   증언만 보면 피고는 유죄입니다. 저도 6일 내내 증언을 들었습니다. 헌데 너무 자신만만해 보이지 않던가요? 세상에 완벽이란 없잖아요. 변호사의 말도 너무 성의가 없었어요. 그 아이 입장이 되어 보자는 겁니다. 나라면 변호사를 바꾸었을 겁니다.

세다(CEDA) 토론

동화나라의 여섯 번째 패널로 '미키 마우스'가 등장한다. 특유의 예리함과 논리적인 추론능력을 기반으로 배심원 토론을 활발하게 이끌 캐릭터로 활약할 예정이다.

이론

팀워크가 중요해지는 순간

민구   유경! 세다 토론이 뭐야? 이름만으로는 유추가 힘들어!

유경   응. 세다(Cross Examination Debate Association) 토론은 교차 조사 토론 또는 교차 질의 토론이라고도 불려.

민구   교차 질의? 그럼 질문을 주고받으며 하는 토론이야?

유경	응. 논제에 대한 자료 조사와 주장을 입증하는 것이 주된 목적인 토론이지. 한마디로 자료 조사와 증거 제시로 평가받는 형식인 거지.
민구	아! 그리고 보니 우리 누나가 나간 학교 토론 대회도 이거였어. 우리 누나 팀이 학교에서 1등을 해서 교육청 토론 대회에도 나갔었어. 우리나라는 이 토론 방식을 공식 토론 방식으로 채택하고 있어.
유경	그렇구나. 그리고 보니 민구가 이곳에 오게 된 이유가 있었구나! 누나도 토론을 잘하고, 민구도 토론을 잘하고.
민구	그렇게 이야기하니까 그런 것 같네! 그런데 세다 토론이 가장 좋은 토론 방법이야? 우리나라가 공식 토론 방식으로 채택할 정도로?
유경	가장 좋은 토론 방법? 모든 토론에는 장단점이 있어. 세다 토론은 의회식 토론과 비교할 수 있어. 의회식 토론이 상대 논리의 허점을 지적하는 형식이라면, 세다는 자료 조사와 증거 제시를 잘하는 쪽이 이기는 형식이야.
민구	정리하면, 세다는 자신의 논리를 증명하고, 의회

식 토론은 상대의 허점을 지적하면 이기는 토론 방식이라는 거지!

유경 맞아! 하지만 세다 토론은 시간과 횟수의 제약이 있기 때문에 심도 깊은 토론을 할 수 없다는 단점이 있어. 그럼 토론 순서를 살펴보자.

토론 순서	
1. 긍정 측 입론 (5분) : 첫 번째 토론자	주장을 입증하기 위한 증거(문헌과 통계 등)를 충분히 준비하고 검증한다. 입론자는 유창한 말하기와 열의에 찬 말하기 그리고 동작 표현 등을 적절히 활용하여 정해진 시간 안에 주장을 펼친다.
2. 부정 측 교차 조사 (3분) : 두 번째 토론자	긍정 측 입론의 모순점과 문제점을 밝혀 논증이 불충분함을 드러낸다. 자료와 데이터의 문제점 추궁, 적중한 질문과 제대로 된 대답을 목표로 한다.
3. 부정 측 입론 (5분) : 첫 번째 토론자	긍정 측에 뒤지지 않는 자료와 데이터를 준비하여 주장에 대해 논증한다. 긍정 측 입론 뒤에 펼치는 주장이므로 임기응변적 변론도 필요하다.
4. 긍정 측 교차 조사 (3분) : 첫 번째 토론자	'2. 부정 측 교차 조사'와 같다.

5. 긍정 측 입론 (4분) : 두 번째 토론자	'3. 부정 측 입론'과 같다.
6. 부정 측 교차 조사 (3분) : 첫 번째 토론자	'2. 부정 측 교차 조사'와 같다.
7. 부정 측 입론 (4분) : 두 번째 토론자	'3. 부정 측 입론'과 같다.
8. 긍정 측 교차 조사 (3분) : 두 번째 토론자	'2. 부정 측 교차 조사'와 같다.

민구   와, 토론이 쉽지 않겠는데!

미키 마우스   안녕? 난 미키 마우스야. 오다가 들었는데, 이번 토론의 주제는 '학교 폭력 대응을 위해 교내 CCTV를 확충해야 한다.'라는데?

민구   안녕! 미키 마우스는 미국에서 시작해서 전 세계에 이름을 떨친 캐릭터라서 나도 좀 알지.

미키 마우스   나를 알아보다니, 기분 좋은데! 난 세다 토론을 좀 알아. 같이 잘해 보자. 우선, 논제에 대해 토론자들이 힘을 합해야 해. 입론에서는 어떤 내용을 말할지, 결론은 어떻게 끌고 갈 건지를 미리 생각해야 해. 내가 준비해 온 신문 기사를 살펴보고 궁리해 보자.

'CCTV 통합 센터 효과 톡톡'

CCTV 통합 관제 센터가 가동되면서 현행범을 잡는 사례도 늘어나고 있다.

자정을 넘긴 주택가 골목길. 반바지 차림의 남자가 차량 문을 열고 들어가 절도 행각을 벌인다. 그러나 어떻게 알았는지 경찰 지구대가 출동해 현장에서 붙잡는다. CCTV 통합 관제 센터가 들어선 이후의 변화다.

지난달 28일 낮, 경남 창원시의 전통 상가 전신주에서 발생한 화재를 미리 막은 것도 CCTV 통합 관제 센터 덕분이다. 창원시는 연초부터 어린이 보호구역 34곳에 66대의 CCTV를 새로 설치하고 단계적으로 늘려 나갈 계획이다.

〈신나는미디어신문〉

'CCTV 설치는 사생활 침해'

서울시가 서울 지하철 객실에 설치된 CCTV가 승객의 사생활을 침해할 가능성이 있어 개선이 필요하다고 권고했다.

서울메트로와 서울도시철도공사는 성희롱 등의 범죄와 화재, 무질서 행위 예방 차원에서 지난해 6월부터 차량에 CCTV를 설치했다.

하지만 서울시는 CCTV가 원래 목적대로 범죄 예방에 효과가 있는지 검증되지 않았다고 지적하며, 승객의 신체 일부와 속옷 등이 노출될 수 있어 사생활 침해가 우려된다고 했다.

〈신나는미디어신문〉

민구   뭐야? 찬성해야 하는 거야, 반대해야 하는 거야?

미키 마우스 둘 다 생각해야 해. 우리가 어떤 주장을 펼치게 될지는 토론장에서 정해지니까.

민구   역시 쉽지 않군!

민구   아! 사생활 침해 같은 건 기준이 없어서 아주 애매한데, 토론을 하려면 정확하게 근거를 대서 설명할 수 있어야겠구나!

미키 마우스 응. 세다 토론은 자료 조사와 증거 제시를 잘하는 쪽이 이기는 거니까, 우리는 양쪽의 내용을 잘 알고 있어야 해. 그럼 양쪽 입장에서 입론을 간단히 작성해 보자.

긍정 측 입론서

최근 학교 폭력이 심각해지고 있습니다. 여기서 학교 폭력이란 (이하 생략). 이러한 가운데 저는 다음과 같은 이유로 교내 CCTV 확충을 찬성합니다.

먼저, CCTV는 범죄 예방 효과가 있습니다. 강남경찰서 관계자의 말에 따르면, 강남구에 CCTV를 설치한 후 범죄율이 연평균 20% 이상 감소했다고 합니다. 골목마다 CCTV의 수를 늘리면 범죄는 더 줄어들 것입니다(이하 생략).

따라서 저는 CCTV가 범죄 예방에 효과가 있고, 사생활 침해를 하지 않으며, CCTV를 통한 통제가 효율 면에서 바람직하다는 점을 들어 확충에 찬성합니다.

부정 측 입론서

최근 학교 폭력이 심각해지고 있습니다. 여기서 학교 폭력이란 (이하 생략). 이러한 가운데 저는 다음과 같은 이유로 교내 CCTV 확충을 반대합니다.

먼저, CCTV는 범죄 예방 효과가 없습니다. CCTV를 실시간으로 모니터링하는 사람이 없기 때문입니다. (이하 생략) 또한 학교 폭력은 대부분 CCTV의 사각지대에서 일어납니다. 경북 경산에서 자살한 (이하 생략).

따라서 저는 CCTV는 범죄 예방 효과가 없고, 사생활을 침해하며, CCTV를 통한 통제가 바람직하지 못하다는 점을 들어 반대합니다.

학교 폭력 대응을 위해 교내 CCTV를 확충해야 한다

진행자 지금부터 '학교 폭력 대응을 위해 교내 CCTV를 확충해야 한다.'를 논제로 세다 토론을 시작하겠

습니다. 토론나라의 민구 씨와 미키 마우스 씨가
반대측, 그리고 침묵나라의 조용 씨와 정적 씨가
찬성측 토론자로 참석하게 됩니다. 심사는 참견
나라의 간여 씨, 참여 씨, 간섭 씨, 개입 씨, 상관
씨께서 해 주시겠습니다. 오늘 세다 토론은 2 대
2로 진행됩니다. 순서는 다음과 같습니다.

토론 순서	
긍정 측 첫 토론자 입론	부정 측 두 번째 토론자 교차 조사
부정 측 첫 토론자 입론	긍정 측 첫 토론자 교차 조사
긍정 측 두 번째 토론자 입론	부정 측 첫 토론자 교차 조사
부정 측 두 번째 토론자 입론	긍정 측 두 번째 토론자 교차 조사
부정 측 첫 토론자 반박	긍정 측 첫 토론자 반박
부정 측 두 번째 토론자 반박	긍정 측 두 번째 토론자 반박

정적   저희는 학교 폭력 대응을 위해 교내에 CCTV를
확충해야 한다는 논제에 찬성합니다. CCTV는
범죄 예방 효과가 있습니다. 강남경찰서 관계자
에 따르면, 강남구에 CCTV를 설치한 후 범죄율
이 연평균 20% 이상 감소했다고 합니다. 또 전
문가들은 CCTV가 우범자에게 경각심을 줘 범

죄 발생 자체를 억제할 수 있다고 밝혔습니다. 최근에는 스마트 CCTV가 개발되어 자체적으로 범행을 탐지해 경찰에게 바로 신고합니다. 경찰은 실제 한 초등학교에 큰 범죄가 발생하기 전에 미리 출동해 사건을 막을 수 있었습니다.

미키 마우스 비용 문제 등으로 모든 장소에 CCTV를 설치할 수는 없습니다. 그래서 사각지대가 생깁니다. 찬성 팀은 여기에 대해 어떻게 생각하시는지요?

조용 모든 장소에 설치할 순 없지만, 학생들은 CCTV가 있다는 것만으로 조심하게 될 것입니다. 그러므로 범죄 예방 효과를 볼 수 있다고 생각합니다.

민구 저희는 학교 폭력 대응을 위해 교내에 CCTV를 확충해야 한다는 논제에 반대합니다. 대부분의 학교에서는 CCTV를 실시간으로 확인하지 않으면 범죄 예방 효과가 없으며, 실제 범죄는 사각지대에서 많이 일어납니다. 그래서 예방이 아니라 시시비비를 가리는 도구로 사용되고 있습니다. 또 CCTV가 비추지 못하는 사각지대에서 범죄가 발생하므로 CCTV 확충이 해결책은 아니라고 생각합니다.

조용   실시간으로 모니터링하지 않는다고 하셨는데요. 많은 학교가 교무실 등 가장 많은 분들이 보실 수 있는 위치에 CCTV 모니터를 설치합니다. 이 점은 어떻게 생각하는지요?

민구   맞습니다. 저희 학교도 CCTV 모니터가 교무실에 설치되어 있습니다. 그렇지만 교무실이 비는 때도 많고, 아무도 쳐다보지 않을 때도 있습니다. CCTV가 설치되어 있다는 것만으로는 예방 효과가 없습니다.

정적   CCTV를 확충하면 선생님에 의해서가 아니라 학생 스스로가 조심하게 됩니다. 뿐만 아니라 외부에서 들어온 사람들까지 관리할 수 있게 됩니다. 실제 한 초등학교 앞에서 학생들이 담배를 피우며 불장난하는 것을 CCTV를 통해 발견하여 범죄를 예방하기도 하였습니다.

민구   선생님에 의해서가 아니라 학생 스스로라고 하셨는데, 그건 CCTV 때문이지 스스로 조심한 것이 아니지요. 스스로라 함은 아무 감시도 없이 자율적으로 움직일 때 붙이는 말입니다.

미키 마우스   학생을 교육적으로 통제하는 것이 아니라 CCTV

를 통해 통제하는 것은 바람직하지 않다고 생각합니다. 또한 학생들의 행동 하나하나를 모두 촬영하여 감시하는 것도 교육적으로 옳지 않다고 봅니다. 심리학자들은 청소년기에 CCTV에 지속적으로 노출될 시 스스로 위축될 가능성이 매우 높다고 말합니다. 그러므로 CCTV 확충이 학교 폭력의 대안이 될 수 없다고 생각합니다.

정적
교육적으로 해도 잘되지 않기 때문에 CCTV 등을 이용하려는 것입니다. 교육적이냐 아니냐를 따지기보다 피해를 입은 학생들을 보호하는 차원에서 필요합니다.

(이하 반박 등의 토론 생략. 이후의 토론은 각자 상상해 보자.)

진행자
양측의 토론 잘 들었습니다. 양측 모두 옳은 말씀을 해 주셔서 심사를 하기 쉽지 않았습니다. 그러나 더 다양한 근거를 제시하고, 침묵나라의 주장에 대해 논리적으로 반박한 토론나라가 3 대 2로 이겼습니다.

토론이 즐거운 유경의 토론 in 이야기

영화 <그레이트 디베이터스> 속 토론

　영화 <그레이트 디베이터스>는 흑백의 갈등이 존재하던 1930년대 미국을 배경으로, 멜빈 B. 톨슨 교수의 실화를 기반으로 만들어졌다. 영화는 텍사스 시골의 작은 와일리 칼리지에서 최초의 흑인 토론 팀이 구성되고, 그들이 세계적인 명문 대학인 하버드 대학교의 수재들을 상대로 한 토론에서 흑인이기에 겪는 부당함을 설득하여 승리하는 극적인 내용을 담고 있다.

　그들은 토론의 천재가 아니었다. 2명의 주전과, 교체 2명으로 구성된 토론 팀은 짧은 시간에 수많은 자료를 준비하고, 논리를 세우고, 적절한 언어로 표현하는 능력을 키우기 위해 뜨거운 내부 토론을 한다. 그들은 다른 이를 헐뜯고 목소리 높여 외치는 방식이 아니라, 논리적인 설득을 통해 마음을 움직이는 토론을 한다. 이 토론에 참여한 친구들의 주장을 들어 보자.

논제 : 흑인들은 텍사스주 대학들에 입학이 허가되어야 한다.

사만다   하지만 오늘이 백인과 유색인이 같은 대학을 가는 날이 아니라고 말합니다. 좋아요. 그럼 그날이 언제 오는지 제게 말해 주시겠습니까? 내일이면 올까요? 다음 주면 올까요? 100년 후면 올까요? 결코, 아니요. 정의를 위한 시간, 자유를 위한 시간, 평등을 위한 시간은 항상, 지금입니다.

논제 : 시민 불복종은 정의를 향한 싸움에서 도덕적 무기이다.

파머 주니어   제 상대편 토론자는 말합니다. "법규를 좀먹는 것은 도덕적일 수 없다."고 말입니다. 하지만 짐 크로사우스에는 법규가 없습니다. 흑인이 주택 공급을 거부당할 때에도 학교와 병원에서 쫓겨날 때에도 법규는 없으며 우리가 린치 당할 때에도 법은 없습니다. 성 오거스틴은 말했습니다. "공정하지 못한 법은 법이 아니다."라고요. 그 뜻이, 저에게도 권리가 있다는 소리로 들립니다. 저항할 의무까지도요. 폭력 또는 불복종 중에서 여러분은 제가 후자를 택할 것을 기원할 것입니다.

일대일 토론

대망의 마지막 토론! 동화나라 패널들의 지원 사격 없이 혼자 참여하는 민구는
과연 일대일 토론의 관문까지 잘 헤쳐 나갈 수 있을까?

개인의 주장과 반박이 중요해진다

민구   일대일 토론? 그럼 혼자 싸워야 하는 거야?

유경   응. 이젠 너 혼자 해야 해.

민구   그런데 이거 혹시 우리나라 개그 프로그램에서
            봤던 '두분토론' 같은 건가?

유경   그런 개그 프로그램이 있었어? 아주 수준 높은
            프로그램이었겠구나!

민구   수준은 잘 모르겠고, 아주 재미있었어. '남자는

하늘'이라는 남하당의 박영진 대표와 '여자가 당당해야 나라가 산다'는 여당당의 김영희 대표가 나와서 재미있는 토론을 펼쳤지.

유경 여당당? 남하당? 이름부터가 재미있다. 이 토론은 둘이서 한다고 해서 '2인 토론'이라고도 부르는데, 찬반의 의견을 가진 두 사람의 토론자가 사회자의 진행에 따라 서로의 의견에 반론을 펴는 토론이지.

민구 TV로 볼 때는 쉽고 재미있었는데, 막상 혼자서 해야 한다니까 걱정이 앞선다. 더구나 토론나라를 대표해야 하는 거라서 걱정이 태산이야.

유경 지금까지 잘해 왔으니까, 너무 걱정하지 마.

민구 토론은 어떻게 진행되는 거야?

유경 먼저 긍정 토론자가 주어진 시간(10분) 동안 자신의 주장을 말하면, 부정 토론자가 주어진 시간(15분) 동안 긍정 토론자의 주장에 대한 반박과 자신의 주장을 차례로 말하게 되지. 그런 뒤 긍정 토론자가 부정 토론자의 주장에 대해 주어진 시간(5분) 동안 반박하는 순서로 이루어져.

민구 맞아. 개그 프로그램에서도 주어진 시간은 아주

짧았지만 순서는 둘이 번갈아 가며 자신의 주장
도 펼치고 반박도 하고 그랬어.

유경   상황에 따라 시간은 서로 다르게 주어져. 네가 봤
던 것은 TV 프로그램이라서 시간이 짧았을 거야.
더구나 개그 프로그램이었기 때문에 더 짧았을
거야. 그런데 정치판에서는 한 사람에게 1시간의
발언 시간을 주기도 해. 자신들이 생각하는 정책
을 더 많은 사람에게 보여 주고 더 많은 지지를
얻기 위해 이 시간을 최대한 활용하지.

민구   1시간? 정말 긴 시간이다.

유경   실제로 미국의 힐러리와 오바마는 지난 대선에
서 스물한 번의 토론을 하기도 했어.

민구   난 한 번의 토론도 이렇게 떨리는데 그걸 스물한
번이나 했다고? 정말 대단해! 그런데 생각해 보
니 우리나라 대통령 후보들도 일대일 토론을 했
던 것 같아.

유경   이런 토론에서 동문서답하지 않고 제대로 하려
면 상대의 말에 귀를 기울이고 필요한 내용은 메
모를 해 두는 자세가 필요해. 그래야 자신의 주장
을 바르게 펴고, 상대의 주장에 제대로 반박할 수

있어.

민구　주장하고, 메모하고, 반박하고, 대답하고. 혼자서 바쁘겠는걸! 정말 큰일이다.

토론 순서	
사회자	– 논제 발표, 토론 방식과 발표 시간 등을 알림 – 토론 과정은 찬반 토론의 형태 중에서 정함
찬성 토론자 (10분)	– 찬성 측의 발언으로 토론 시작
반대 토론자 (15분)	– 찬성 측의 주장에 대한 반박과 반대 측 주장 발표
찬성 토론자 (5분)	– 앞선 반대 측 주장에 대한 반박
이하	– 주장과 반박을 정해진 시간 동안 진행

민구　이번 토론의 논제, 알고 있니?

유경　이번 논제는 '꿈은 모두 존중되고 격려받아야 한다.'라던데.

민구　어려운데! 난 꿈을 정하지 못했거든. 그런데 어떻게 토론을 하지?

유경　주제가 주제인 만큼 '꿈'에 대한 책인 《갈매기의 꿈》《존 아저씨의 꿈의 목록》과 관련 기사를 가져와 봤어.

갈매기의 꿈 (리처드 바크 지음, 현문미디어)

전직 비행사였던 작가가 비행에 대한 꿈과 신념을 실현하고자 끊임없이 노력하는 갈매기 조나단 리빙스턴의 일생을 통해 모든 존재의 초월적 능력을 일깨운 우화 형식의 신비주의 소설이다.

비상을 꿈꾸는 갈매기 조나단을 통해 인간의 삶의 본질을 상징적으로 그리고 있다. 특히 다른 갈매기들의 따돌림에도 흔들림 없이 꿋꿋하게 자신의 꿈에 도전하는 갈매기 조나단의 인상적인 모습에서 자기완성의 소중함을 깨닫게 된다. 작가는 '가장 높이 나는 새가 가장 멀리 본다.'는 삶의 진리를 일깨우며, 우리 인간에게 눈앞에 보이는 일에만 매달리지 말고 멀리 앞날을 내다보며 저마다 마음속에 자신만의 꿈과 이상을 간직하며 살아가라고 이야기한다.

존 아저씨의 꿈의 목록 (존 고다드 지음, 글담어린이)

존 고다드가 어릴 때 작성한 127개의 꿈과, 그 꿈들을 하나하나 이루어 나간 111개의 꿈 이야기가 담겨 있다. 플루트 배우기, 윗몸일으키기 200회, 인디언 문화 배우기 등 엉뚱해 보이는 작은 꿈들부터 목표를 정하고 차근차근 이루어 나갔다. 작은 꿈들은 다시 나일강 탐험, 킬리만자로산 등반, 비행기 조정처럼 이루기 어려운 꿈들로 발전했고, 결국 존 고다드는 다섯 살 때부터 꿈꾸던 탐험가가 되었다.

그의 이야기를 통해 어린이들은 단지 선생님이나 연예인이 되고 싶다는 천편일률적인 장래 희망에서 벗어나 자유롭게 꿈꿀 수 있게 될 것이다. 또한 꿈에 관한 목표를 정하고 기록하는 것을 시작으로 하나하나 실천해 나가, 결국 꿈이 인생에 있어서 어떤 힘과 의미를 지니는지 배울 수 있을 것이다.

민구   존 아저씨 정말 대단한데! 다양한 꿈을 꾸고, 그
         꿈을 이루려 노력했다니!

유경   맞아. 존 아저씨의 꿈은 500여 개로 늘어났고,

지금은 세계에서 가장 유명한 탐험가가 되었지. 존 아저씨처럼 작은 꿈을 하나씩 이뤄 가다 보면 위대해질 거야. 하지만 어떤 사람들은 처음부터 위대한 꿈을 꾸어야 그 꿈 근처에 갈 수 있다고 말하기도 해.

민구 그럼 나는 '존중되어야 한다.'와 '그렇지 않다.' 중에서 어느 쪽에 서야 할까?

유경 넌 꿈을 정하지 못했다며?

민구 그래서 더 고민이야. 어떤 게 더 합리적인지. 그리고 더 객관적인지.

'더 큰 꿈, 더 넓은 세계'

'코이'라는 물고기는 작은 어항에 넣어 두면 5~8cm로 자라지만, 연못에서 살면 15~28cm, 강에 방류하면 90~120cm까지 자란다.

꿈도 코이와 같다. 더 큰 꿈을 꾸면 큰 꿈을 이룰 수 있으며, 꿈이 크면 클수록 장애물이나 어려움은 사소하게 여겨진다. 더 큰 세상과 만나 희망을 갖고 건실하게 성장하면 성공하는 삶이 될 것이다.

어린이들은 현재에 만족하지 말고, 더 큰 꿈과 포부를 갖고 미래의 주역으로 자라야 한다.

〈신나는미디어신문〉

꿈은 모두 존중되고 격려받아야 한다

진행자 자, 지금부터 '꿈은 모두 존중되고 격려받아야 한다.'를 논제로 일대일 토론을 시작하겠습니다. 토론나라의 민구 씨와 침묵나라의 고요 씨가 참석해 주셨습니다. 먼저 찬성 측의 민구 씨부터 시작하겠습니다.

민구 세상 사람들은 제각기 다른 꿈을 꾸며 살아갑니다. 큰 꿈을 꾸는 사람도 있고, 작은 꿈을 가진 사람도 있습니다. 다른 사람의 눈에는 그 꿈이 하찮아 보일지라도 본인에게는 존재하고 성장해 가는 밑거름이 되기도 하기에 존중받고 격려받아야 합니다. 작고 보잘것없는 꿈이라고 이것저것 못 하게 한다면 더 이상 꿈을 꿀 수 없게 되며, 꿈꾸지 않으면 죽은 사람과 같아집니다. 꿈은 꾸는 것만으로도 행복하며, 행복을 위한 노력으로 성장하게 됩니다. 그런데 많은 사람은 헛꿈 꾸지 말고 현실에서 할 수 있는 것을 하라고 합니다. 멀리 있는 꿈에 욕심내지 말고 가까이 있는 꿈에 만족하라고, 하고 싶은 것보다 할 수 있는 것을 하라고 합니다. 하지만 그것은 꿈이 아닙니다. 아무리 힘들고 아프더라도 꿈에 대한 열정을 가져야 합니다. 그래야 그 열정이 가끔 만들어 내는 큰 기적과, 아주 먼 길을 돌아 이루어지는 꿈, 설령 이루지 못하더라도 그 꿈 근처에 머물며 행복해질 기회를 선물로 받게 됩니다. 실패가 두려워 부딪쳐 보지도 않는다면 하고 싶은 것을 할 기회는 절대 오지 않을 것입니다.

진행자 찬성 주장 잘 들었습니다. 이번엔 고요 씨가 반론과 주장을 펼쳐 주세요.

고요 꿈이란 건 결국 먹고사는 문제와 관련이 있습니다. 헛꿈만 꾸느라 시간을 허비하면 그 인생은 누가 책임져 줄까요? 한 가지도 제대로 이루기 어려운데 보잘것없는 꿈들을 다양하게 꿀 필요가 있을까요? 그래서 사람은 큰 꿈과 현실적인 꿈, 그리고 가까이 있는 꿈에 만족해야 합니다. 멀리 있는 꿈에 욕심을 내 봤자 이루어지지 않으면 힘만 들고 속만 쓰립니다. 내가 좋아하는 사람보다 나를 좋아하는 사람을 만나라는 말이 있습니다. 꿈도 마찬가지입니다. 하고 싶은 일보다 할 수 있는 일을 찾아야 합니다. 남들보다 잘할 수 있는 일을 찾으면 실패하지 않습니다.

진행자 반대의 주장과 반박 잘 들었습니다. 이번엔 민구 씨의 반론을 듣겠습니다.

민구 남들보다 잘할 수 있는 일을 찾으면 실패하지 않는다고 하셨는데요. '실패는 성공의 어머니'라고 했습니다. 벌써부터 먹고살 문제를 고민하고, 실패가 두려워 부딪쳐 보지도 않는다면 앞으로도 기회는 없을 것입니다. 우린 아직 어리기에 많은 기회가 있으며, 실패하더라도 다시 일어설 힘이 됩니다. 그러므로 벌써부터 포기하듯 할 수 있는 것을 찾기보다 하고 싶은 것을 생각하는 것이 먼저라고 생각합니다.

고요 요즘 한국 방송에서 유행처럼 번지고 있는 오디션 프로그램을 보았습니다. 많은 사람이 스타를 꿈꾸더군요. 하지만 그 안에서 살아남는 사람은 몇몇에 불과합니다. 가능성이 없는 나머지 사람들은 헛꿈을 꾸고 있는 것입니다. 그런 사람들은 애초부터 자기의 능력과 적성을 다시 한번 점검하고 그에 걸맞은 꿈을 찾았어야 합니다.

민구	능력과 적성도 중요합니다. 하지만 하고 싶은 것에 도전하며 때론 존중도 받고 격려도 받다 보면 발견하지 못했던 능력을 발견하고, 또 실패하더라도 다른 것에 도전할 용기를 얻게 됩니다. 하지만 처음부터 짓밟힌다면 도전은 꿈도 꾸지 못할 것입니다.

(이하 반박 등의 토론은 생략.)

진행자	양측의 토론 잘 들었습니다. 이런 토론은 그 자리에서 결론을 내리지 않지만 우승 팀을 가려야 하는 토론이니 결론을 내겠습니다. 합리적인 생각과 논리적인 주장 등을 기준으로, 두 팀의 토론이 막상막하여서 승패를 가리기가 어려웠습니다. 그러나 여러분이 아직은 꿈을 꾸어야 하는 청소년이라는 점과 실패를 통해 다시 일어날 힘을 얻는 기회를 경험할 수 있다고 제시해 준, 토론나라 민구 씨에게 승리를 드리도록 하겠습니다.
민구	와! 내가 이겼어. 혼자 해냈어.

토론이 즐거운 유경의 토론 in 이야기

두 정치인의 만남, 링컨 – 더글러스 토론

링컨-더글러스 토론은 1858년 미국 일리노이주 상원의원 선거에서 공화당의 에이브러햄 링컨과 민주당의 스티븐 더글러스 사이에서 치러진 일곱 번의 선거 토론이기 때문에 붙여진 이름이다. 이 토론은 두 사람 이름의 앞 글자를 따서 LD 토론이라고도 부른다. 2인 토론으로 가장 유명한 것이 바로 링컨-더글러스 토론이다.

당시 토론의 논제 중 가장 큰 이슈는 '미국에서 노예제를 계속 유지할 것인가, 폐지할 것인가?'였는데, 짐작했겠지만 링컨은 미국의 독립선언서 중 '모든 인간은 동등하다.'라는 규정을 들어 노예제 폐지를 주장했다. 반면 더글러스는 '노예제를 채택할 것인가 아닌가에 대한 결정권은 각 주에 있다.'는 주권론을 주장했다. 이외에 '정의로운 사회라면 사형 제도를 징벌 제도의 하나로 유지해도 좋은가?' 등에 대해서도 열띤 토론을 벌였다.

이 토론에서 링컨과 더글러스는 숫자나 통계 또는 사실 등을 밝히는 것보다 인간에 대한 규정이나 평등에 대한 가치 등 윤리적이고 철학적인 면을 기반으로 주장을 논리적으로 전개했다.

A후보가 1시간 동안 연설하면, B후보가 1시간 30분 동안 반론하고, 또

다시 A후보가 30분 재반론하는 방식을 택해 심도 있는 토론이 이뤄지도록 했다. 이렇게 총 7시간 동안 공방을 벌였는데, 청중들은 집에 가서 저녁을 먹고 다시 돌아와 토론을 경청하기도 했다. 이런 토론을 일곱 차례나 했으니 대단한 일이다.

이 토론은 상대 주장의 결함이나 허점을 드러내서 자신의 입장을 내세우는 형태인데, 순발력과 임기응변이 필요한 토론에 익숙하지 않았던 링컨은 첫 번째 토론에서 더글러스에 제대로 대응하지 못했다. 그러나 토론회를 거듭하면서 자신감을 얻었고, 마지막 세 번의 토론은 처음과는 달리 더글러스를 몰아붙였다.

선거 결과는 아쉽게도 링컨이 떨어지고 민주당의 더글러스가 상원으로 선출되었지만, 이 토론으로 링컨은 많은 유권자에게 깊은 인상을 남겨 2년 뒤 대통령으로 취임하게 된다.

마치며

초등부터 토론을 시작해야 하는 이유

"우리 애는 발표 실력이 부족한데, 이제 중학생이라 걱정이에요!"

"중학교에서는 PPT 발표도 많이 한다는 데, 우리 애가 그걸 할 수 있을지 모르겠어요!"

상급 학교로 올라가면서 부모가 도와줄 수 있는 한계를 넘어서게 되고, 그래서 걱정도 하나씩 늘어난다. 그 이유 중 하나는 아이가 경쟁력 있는 독해력, 논리력, 표현력을 갖추지 못했기 때문이다.

"우리 애가 고등학교에 들어갔는데, 논술 공부는 어떻게 해야 해?"

"우리 애가 올해 고3인데, 아무래도 논술고사를 봐야 할 것 같아! 언제부터 시작해야 할까?"

"우리 애는 글쓰기 실력이 부족한데, 어디를 보내야 논술 준비를 할 수 있을까?"

수능이 코앞에 다가온 고2~고3 때가 되면, 그 고민은 더욱 커진다. 대학 진학을 위한 정보의 부족을 느끼기도 하고, 자녀와의 소통도 어려워서 생기는 문제다. 그래서 수능 이후 한 달 바짝 논술을 준비해서, 또는 고3 올라가서 족집게 학원을 통해 특훈을 받으면 논술로 대학을 보낼 수도 있을 거라고 믿는 학부모들도 간혹 있다.

그래서 나는 초등학교 학부모 강연에서 이렇게 말한다.

"복 받으신 거예요. 아직 자녀와 가까워질 기회가 있고, 자녀와 함께 훈련해 볼 시간이 남았으니까요."

그렇다고 초등학교부터 PPT 발표나 논술을 배우라는 의미가 아니다. 이 모든 것의 기초가 되는 '문제를 읽고 이해하는 독해력, 주장을 논리에 맞게 풀어가는 논증력, 자기의 생각을 글로 풀어갈 수 있는 표현력, 그리고 나만의 전개 방식 등의 창의력'을 길러줘야 한다. 그것이 바로 토론 교육인 것이다.

그렇다면 중학생인 우리 아이에게 늦은 것일까? '늦었다고 생각할 때가 가장 빠른 때'라는 말도 있다. 그러니 지금부터 이 책을 함께 읽고 시작해 보자.

신나는 토론 배틀

초판 1쇄 인쇄 2023년 9월 25일
초판 1쇄 발행 2023년 10월 10일

지은이 박점희
펴낸이 이범상
펴낸곳 (주)비전비앤피 · 애플북스

기획 편집 이경원 차재호 정락정 김승희 박성아 신은정
디자인 최원영 허정수
마케팅 이성호 이병준
전자책 김성화 김희정 안상희
관리 이다정

주소 우)04034 서울시 마포구 잔다리로7길 12 (서교동)
전화 02)338-2411 | **팩스** 02)338-2413
홈페이지 www.visionbp.co.kr
인스타그램 www.instagram.com/visionbnp
포스트 post.naver.com/visioncorea
이메일 visioncorea@naver.com
원고투고 editor@visionbp.co.kr

등록번호 제313-2007-000012호

ISBN 979-11-92641-18-8   03370